ÉPITRE A GRESSET,

AU SUJET

DE LA REPRISE DU MÉCHANT,

Par les Comédiens Français, qui a eu lieu en novembre 1811;

SUIVIE

DE DEUX OUVRAGES DE CE POÈTE CÉLÈBRE,

Qui ne sont dans aucune édition de ses Œuvres;

ET D'UNE

ÉPITRE A UN JEUNE PROVINCIAL,

intitulée : L'ART DE TRAVAILLER AUX JOURNAUX;

PAR L'EX-RÉVÉREND PÈRE IGNACE DE CASTELVADRA,
PETIT-NEVEU DU RÉVÉREND PÈRE BRUMOI.

> Il ne vous paroît point assez méchant,
> parce que vous l'êtes plus que lui.
> *Paroles de J. J. Rousseau*, TIRÉES DE
> LA VIE DE GRESSET, PAR M. RENOUARD.

PARIS,

CHEZ MARTINET, LIBRAIRE,
RUE DU COQ-SAINT-HONORÉ;

Et au Palais-Royal, chez tous les Marchands de Nouveautés.

DE L'IMPRIMERIE D'EVERAT, RUE SAINT-SAUVEUR, N°. 41.

1812.

PRÉFACE

DE

L'ÉPITRE A GRESSET.

Jean-Baptiste Rousseau, ou Rousseau le lyrique, fit, dans le temps, le plus grand éloge de *Vert-Vert* : il annonça ce petit ouvrage comme un phénomène littéraire, dans une lettre à M. de Lasseré, Conseiller au Parlement d'alors. Je ne dis pas qu'il n'y ait quelques beautés, et même beaucoup d'agrément dans cette bagatelle. L'idée en est ingénieuse, la marche simple, le style agréable et facile. Il y règne surtout une pointe de malignité contre les religieuses qui fait sourire. Mais il me semble que cette bagatelle a été beaucoup trop vantée; il me semble que le sujet n'en est point assez étendu pour être divisé en quatre chants, et qu'il falloit, en l'abrégeant, en supprimant cette division ambitieusement poétique, en faire tout simplement un conte à la manière de ceux de La Fontaine. Le *Lutrin vivant* et le *Carême impromptu* remplissent infiniment mieux leurs titres : ce sont des contes aimables et sans prétention.

Il y a, d'ailleurs, quelques vers de mauvais goût dans le *Vert-Vert*.

Le *Vert-Vert* est rimé très-foiblement en beaucoup d'endroits; et comme le vers de dix syllabes français n'est pas très-difficile, il falloit, ce me semble, que l'auteur rachetât, par la richesse des rimes, le peu de temps qu'il avoit mis à le composer. Je n'aime pas beaucoup Boileau, et, cependant, malgré l'avis de quelques savans et respectables Jésuites, je préfère le *Lutrin* à *Vert-Vert*. Il y a, dans le *Lutrin*, autant d'imagination et plus de difficultés vaincues que dans *Vert-Vert*; et, bagatelle pour bagatelle, j'aimerois toujours mieux celle qui a coûté le plus de peine à son auteur.

Si je préfère le *Lutrin* à *Vert-Vert*, on ne sera pas étonné. Mais à ce même *Vert-Vert* je préfère la *Chartreuse*, et ceci étonnera peut-être, quoique J. B. Rousseau ait été de mon avis. Quoiqu'il en soit, je ne connois pas, dans notre langue, un ouvrage plus original, non pour le fond des idées, mais pour la forme dont elles sont revêtues. Le style en est très-négligé, sans-doute; même foiblesse de rimes que dans *Vert-Vert*: mais, quel abandon! quelle facilité! quelle douce mélancolie! Cette formule, loin de.... loin de.... qui revient si souvent, seroit fatigante chez un autre, et chez Gresset elle est enchanteresse. On pardonne à Gresset ses rimes redoublées jusqu'à satiété, parce qu'on voit qu'elles coulent de sa plume comme une onde pure d'une source limpide; parce qu'un génie paroît l'inspirer, le pousser malgré lui à cette abondance non fastidieuse, et qu'il ne pourroit point s'arrêter en chemin, quand même il en auroit la volonté.

Mon dessein n'est pas de passer ici en revue tous les ouvrages de Gresset : tout le monde les connoît, tout le monde les a lus; ils sont entre les mains de tout le monde; et, d'ailleurs, M. Renouard, dans son édition de Gresset, a dit à cet égard tout ce qu'on pourroit dire. Ce qu'il y a de certain, c'est que personne n'a manié mieux que Gresset la période poétique dans les vers de huit syllabes, et quoique je vienne de le faire entendre, je suis bien aise de le répéter. Colardeau, qui tournoit à merveille le vers alexandrin, mais qui n'avoit point le talent de Gresset pour le vers de huit syllabes, a dit, dans une épître à un naturaliste célèbre, M. Duhamel de Denainvillers:

» C'est là que j'appris l'art d'abandonner mon style,
» Et de laisser couler un vers doux et facile.

Colardeau pensoit plus à lui-même qu'à Gresset, lorsqu'il laissa tomber ces deux jolis vers de sa plume; mais ces deux vers peignent Gresset bien mieux que Colardeau. Colardeau avoit l'air abandonné dans son style, mais il ne l'étoit jamais. Il étoit au contraire pur, élégant et correct, sous un air abandonné. Colardeau tiroit son talent de l'art, et Gresset le devoit tout entier à la nature. Chez Colardeau, on trouve une connoissance de l'art qui plaira toujours aux artistes; Gresset plaira toujours davantage aux gens du monde.

Lorsque Gresset sortit de ce style aimable, facile, abondant et négligé qui le caractérisoit, il voulut s'élever jusqu'à la tragédie, et cette audace lui attira des reproches de la part de J. B. Rousseau. Je ne suis point de l'avis de ce grand lyrique. Il y a de grandes beautés dans la tragédie d'*Édouard III*; le caractère du ministre Vorcester est surtout digne d'admiration; et, si de nos jours on jouoit cette pièce pour la première fois, je suis bien persuadé qu'elle seroit préférée à toutes les superfétations dramatiques dont on nous assomme. Les règles du théâtre y sont violées, me dira-t-on. Eh! que m'importe, pourvu qu'il y règne un beau style, un vif intérêt et de grands caractères?

J'étois un soir chez M. le Comte d'Argental, quai d'Orsay, à une représentation de *Sidney*, où M. de la Harpe jouoit le principal rôle; il y fut très-applaudi parce qu'il le joua très-bien, et tous les gens du monde qui étoient là, engoués, comme c'est l'usage, de l'acteur et de la pièce, après avoir fait beaucoup de complimens à La Harpe, lui demandèrent s'il ne regardoit pas le drame de *Sidney* comme le chef-d'œuvre de Gresset. Juste ciel! s'écria-t-il dans une sainte colère : quelle différence entre *Sidney* et *le Méchant* ! *Le Méchant* est un ouvrage admirable ! et *Sidney* est un ouvrage d'écolier. Je suis étonné, d'après ce jugement, dont je fus témoin auriculaire, que La Harpe, dans son *Cours de Littérature*, ait consacré si peu de lignes à la louange du *Méchant*. Quoiqu'il en soit, je regarde *le Méchant*, non-seulement comme le chef-d'œuvre de Gresset, mais encore comme l'un des chefs-d'œuvre de la scène française. On prétend qu'il n'y a pas assez d'action, et que ce sont des valets qui conduisent l'intrigue. (*Voyez le journal de Paris, novembre* 1811.) Mais les valets, dans presque toutes les pièces, ne sont-ils pas les premiers agens d'une comédie? et une comédie de caractère, telle que *le Méchant*, n'existe-t-elle pas presqu'entièrement dans les développemens du caractère? Y a-t-il beaucoup d'action dans *le Misantrope*, qu'on regarde comme le chef-d'œuvre de la scène comique? Tout ne s'y passe-t-il pas en conversation?

Je répète ici, en d'autres termes, ce qu'on va lire dans mon épître à Gresset ; mais, puisque Messieurs les Journalistes ne veulent point admettre nos réponses à leurs admirables articles, j'ai bien le droit, en ma qualité d'arrière-petit-neveu d'un Jésuite célèbre, professeur et ami de l'immortel Gresset, de réclamer, et de dire au moins deux fois ce que je n'aurois voulu dire qu'une.

Le roi de Prusse, Frédéric II, qui n'avoit point l'honneur d'être Journaliste, et qui toutefois en savoit bien autant que ces Messieurs, a dit, dans une lettre à Voltaire : « La muse de Gresset est à » présent une des premières du Parnasse français : » il a fait une ode sur l'amour de la Patrie, qui » m'a plu infiniment ; elle est pleine de feu et de » morceaux achevés... »

Messieurs les Journalistes de Paris trouvent la Muse de Gresset pitoyable, surtout dans *le Méchant,* et voilà comment Messieurs les Journalistes ne sont jamais d'accord avec les Rois. Frédéric II adresse à Gresset une jolie épître, et Messieurs les Journalistes de Paris lui adressent des injures. (*Revoyez les feuilles de leur journal, du mois de novembre* 1811.)

La comédie du *Méchant* est d'autant plus étonnante, indépendamment de son mérite littéraire, qu'on n'auroit jamais cru qu'un ex-jésuite eût pu peindre le grand monde avec une aussi grande vérité. Ce qu'il y a surtout d'extraordinaire, c'est que le style de cette comédie ne ressemble en rien au style des autres ouvrages de Gresset. Partout, ou presque partout, il est négligé, diffus, abondant, verbeux, quoique très-facile. Dans *le Méchant* il est serré, précis, correct et toujours élégant. Là, il a l'air d'être poussé par un démon ; ici, il ne paroît être inspiré que par lui-même ; ce qui a fait dire, à quelques personnes, que la comédie du *Méchant* n'étoit pas de Gresset, et qu'un grand Seigneur de son temps l'avoit mise sous le nom de Gresset, ne voulant pas qu'elle parût sous son propre nom. Il existoit alors, parmi les gens de la Cour, un préjugé tout-à-fait burlesque. Ces Messieurs s'imaginoient bravement qu'un gentilhomme *dérogeoit lorsqu'il se faisoit auteur.* Telles étoient leurs expressions, et c'est vraisemblablement ce préjugé qui a donné lieu à l'idée que Gresset n'étoit point l'auteur du *Méchant.* Je suis loin d'adopter cette dernière opinion. Je suis très-persuadé, au contraire, que Gresset est le seul et véritable auteur du *Méchant*, et voici comment je réponds à l'objection précédente.

Gresset ayant acquis une grande réputation littéraire par *Vert-Vert, la Chartreuse*, et autres ouvrages, fut tiré, pour ainsi dire, de son collège ou de son cloître, par l'avidité des gens du monde, qui brûloient du désir de le voir et surtout de l'entendre. Il reçut de tous côtés des lettres d'invitation; les unes pour venir passer l'été à la campagne, les autres pour accepter un logement dans l'un des plus beaux hôtels de Paris, et pour avoir à ses ordres une bonne voiture et plusieurs domestiques à livrée. Gresset étoit curieux comme le sont presque tous les hommes. Il se rendit aux suggestions du diable tentateur, et le hasard le jeta dans une des sociétés les plus brillantes de la France; dans celle de M. le duc de Chaulnes, où il trouva le comte de Luc de Ventimille, M. de Voyer-d'Argenson, et un certain M. du Tertre de Labourdonnaye, hommes très-riches par leurs propriétés territoriales, et plus riches encore par l'étendue de leurs connoissances, la finesse, la grâce et la malice de leur esprit. Là, il observa avec attention le caractère de ces hommes brillans, et rentra chez lui comme l'abeille, chargée du miel qu'elle a cueilli sur les fleurs.

En ma qualité de petit-neveu du révérend père Brumoi, j'avoue que je ne suis pas jeune, et je dois rendre compte ici de ce que j'ai entendu dire à mes contemporains, qui étoient en même-temps les contemporains de Gresset.

Plusieurs hommes de lettres célèbres, qui l'ont connu particulièrement, m'ont assuré qu'il avoit fait douze ou quinze épîtres en vers alexandrins, intitulées *la Galerie*, dans lesquelles se trouvoient les plus jolis vers de la comédie du *Méchant*, et qu'on lui avoit dit : A quoi diable pensez-vous, avec vos épîtres? elles sont charmantes, mais personne ne les lira. Les mots d'épître, d'ode, d'églogue, font reculer d'effroi toutes les jolies femmes; et comme les jolies femmes n'aiment que le théâtre, parce qu'elles s'y montrent dans tout leur éclat, fondez vos douze ou quinze épîtres dans une comédie, à laquelle vous attacherez une action quelconque ; faites-la jouer au Théâtre Français, et ne vous inquiétez pas du reste.

Ce qui fut dit fut fait. Gresset *cousut* ou *cousit* (Messieurs les journalistes m'attendoient ici) une action telle quelle à la comédie du *Méchant*, et le hasard fit que cette action étoit juste, simple et naturelle.

Pourquoi veut-on, comme l'ont dit Messieurs les respectables auteurs du Journal de Paris, qu'il y ait beaucoup d'action dans une comédie de caractère? Elle seroit détestable s'il y en avoit beaucoup; et les valets, les femmes-de-chambre, n'est-ce pas eux qui savent les secrets de leurs maîtres et de leurs maîtresses? Un journaliste de Paris n'entend rien à tout cela, quoiqu'il soit un fort honnête homme; mais les gens du monde qui n'ont pas l'honneur d'être journalistes, savent très-bien qu'une pièce de théâtre aura toujours un très-grand succès lorsqu'elle sera bien écrite.

Or il n'y a pas au Théâtre Français une comédie mieux écrite que le *Méchant*. Cette comédie est de tous les ouvrages de Gresset celui dont on a retenu le plus de vers ; celui qui étoit le plus difficile à faire, et celui qui lui a mérité le plus de gloire. Je dirai plus : sans cette gloire universelle que Gresset a recueillie du succès de la comédie du *Méchant*, peut-être ses autres ouvrages seroient-ils peu connus, malgré les éloges un peu exagérés qu'en a fait J.-B. Rousseau. Les gens du monde sont en général très-frivoles; ils lisent peu et presque point ; ils jugent mal surtout; et lorsqu'un littérateur, quel qu'il soit, a un grand succès dramatique, ce succès donne une existence à ses autres productions, et les fait, pour ainsi dire, sortir de la poussière. C'est ainsi que j'ai vu dernièrement Luce de Lancival sortir tout à coup de l'obscurité, par le succès de la tragédie d'*Hector*, quoiqu'il eût déjà publié plusieurs ouvrages bien supérieurs à cette superfétation dramatique.

M. Renouard nous dit, dans la préface de son édition des œuvres de Gresset, édition qui est la meilleure de toutes, que Gresset avoit composé plusieurs autres comédies dont il cite les titres, et que, par suite de son esprit de dévotion ou de sa conversion, il ne voulut les faire ni représenter, ni imprimer. Gresset d'ailleurs étoit pour lui-même un juge très-sévère. Heureux en débutant dans la comédie, il craignoit de trouver à la fin une pierre d'achoppement, et de ternir ses premières victoires par quelque défaite.

On ne sera donc pas étonné que Gresset, par une suite de ce double esprit, soit de dévotion, soit d'une retenue délicate, fondée sur l'amour-propre, n'ait point publié une grande quantité d'ouvrages qui sont restés ensevelis dans son porte-feuille, et qu'il ait retranché de ses éditions diverses plusieurs autres ouvrages imprimés peut-être à son insu, et qu'il ne croyoit pas digne d'être publiés. Tels sont les deux suivans que je soumets au jugement du lecteur. L'un est intitulé : *le Chien Pêcheur ou le Barbet des Cordeliers d'Étampes* ; et l'autre : *la Musique*, poëme en quatre chants. Ils sont tirés l'un et l'autre d'une brochure extrêmement rare, intitulée : *OEuvres diverses de M. Gresset, historiographe de la ville de Paris, Soleure* 1740, et dans laquelle on trouve *Vert-Vert, la Chartreuse, le Lutrin vivant, les Ombres, l'Épître à ma Muse,* la tragédie d'*Édouard III*, et plusieurs autres ouvrages du même qu'il seroit trop long d'énumérer ici.

Après avoir lu avec beaucoup d'attention ces deux petits poëmes, non compris dans les éditions que Gresset a avouées, j'y ai reconnu la manière de Gresset, un peu négligée à la vérité ; mais la manière de Gresset ne l'est-elle pas souvent ? J'y ai reconnu cette grâce, pour ainsi dire monastique, qui règne dans tous ses ouvrages et qui les fait ressortir, d'autant plus qu'elle étoit inconnue dans le grand monde.

Le poëme en quatre chants, intitulé *la Musique*, ne roule point sur la musique en général, mais sur celle du théâtre, et particulièrement sur celle d'église. L'ouvrage, à travers quelques négligences, offre des détails agréables. Je n'y ai fait aucun changement ; il est entièrement conforme à l'édition de Soleure précitée. Cet ouvrage est foible ; je suis obligé de le répéter : il y a quelques vers prosaïques et beaucoup de négligences ; mais c'est la manière de Gresset, avec tous ses charmes et tous ses défauts. On voit clairement que c'est Gresset qui l'a composé, et qu'il a dédaigné d'y mettre la dernière main. Gresset est un de nos meilleurs peintres en poésie : et si l'on recueille avec tant d'empressement les esquisses de Raphaël, de l'Albane, du Corrège, du Guide, pourquoi ne recueilleroit-on pas celles de Gresset ? M. Renouard et M. Fayolle ont rendu un véritable service à la littérature, en réunissant les plus petites bribes de cet écrivain ingénieux. Gresset, en un mot, est le père d'une école ; et tout ce qui part de l'école d'un grand maître, n'est-il pas très-précieux pour les élèves ?

Le Chien Pêcheur me paroît plus soigné que le poëme sur *la Musique*; il y a entre autres deux vers qui sont remplis de philosophie, et n'ont pu partir que de la main de Gresset, vous les remarquerez, sans que je vous les indique.

Gresset, en un mot, est de tous nos poëtes célèbres, celui dont on peut donner le plus d'ouvrages inédits, sans craindre de se méprendre. Gresset, s'étant converti au milieu de sa carrière, M. l'évêque d'Amiens exigea de lui qu'il sacrifiât aux flammes une grande quantité de manuscrits précieux ; et personne n'ignore qu'il se soumit volontairement à ce sacrifice. M. Renouard cite, dans son édition, plusieurs comédies de Gresset, qui n'étoient point sœurs indignes du *Méchant ;* entr'autres *l'Esprit à la mode*, *l'École de l'amour-propre*, *le Secret de la comédie*, *le Monde comme il est*, etc. . . . qui n'ont jamais vu le jour. Il cite deux chants que Gresset avoit ajoutés à *Vert-Vert ; l'Ouvroir et les Pensionnaires*, et plusieurs autres ouvrages extrêmement intéressans. Pourquoi ne voudroit-on pas, s'il a circulé quelque copie de ces ouvrages, qu'un jour ils fussent livrés à l'impression par quelque bénévole éditeur, amoureux de la gloire du plus aimable des poëtes ? N'a-t-on pas tout récemment retrouvé la belle comédie des Précepteurs, cinq ou six ans après la mort du malheureux Fabre-d'Églantine ?

Gresset étoit fort laborieux ; mais il étoit très-indifférent sur ses ouvrages ; et ses enfans, s'ils avoient pu parler, lui auroient dit avec raison qu'il étoit le plus mauvais père du monde. Il prêtoit quelquefois des originaux à certains amis négligens, qui les égaroient ou qui, par une fausse délicatesse, ne vouloient point qu'il les publiât ; tel, je le crois, a été le sujet du *Gazettin*, charmant poëme en quatre chants, qu'un détenteur ridicule n'a point voulu rendre public, sous prétexte qu'il nuiroit à la gloire de son ami. Eh! Messieurs les bourgeois d'Amiens qui allez tous les jours à la messe, rien ne peut nuire à la gloire de Gresset, si ce n'est votre réserve aussi cruelle que burlesque; et si vous aviez tenu manuscrit le chef-d'œuvre de *Vert-Vert*, je suis persuadé que par une suite de vos bizarres scrupules, ce chef-d'œuvre n'auroit jamais vu le jour.

On a prêté à Fontenelle une maxime que j'ai peine à croire. Il disoit, à ce qu'on prétend, qu'il falloit être *ennemi des manuscrits et ami des imprimés*; c'est-à-dire qu'il falloit long-temps travailler et retravailler les manuscrits, et les approuver entièrement lorsqu'ils étoient mis au jour. Cette maxime m'a toujours paru souverainement ridicule, et je crois que c'est la maxime contraire qu'il auroit fallu adopter. Si on l'avoit suivie, nous aurions le *Gazettin* de Gresset et autres ouvrages de lui, qui nous manquent, et un très-honnête marguillier d'Amiens ne les tiendroit pas enfermés dans sa sacristie.

Il est passé le temps des préjugés littéraires, ou du moins ne tardera-t-il pas à passer. Pourquoi veut-on qu'un homme de lettres passe vingt ans de sa vie à corriger un ouvrage, et que durant cet espace, il n'en fasse pas une vingtaine qui vaudroient mieux que celui qu'il a corrigé? Pourquoi

veut-on toujours s'opposer au progrès des lettres et des sciences? Gresset qui, avant sa conversion, avoit réellement l'esprit philosophique, a soutenu en pleine Académie française que tout n'étoit pas dit. C'est dans son discours de réception à cette même Académie, qu'on trouve ces paroles admirables : « Parler de la vertu dans un corps respec-
» table sans doute, mais suivant de vieux erremens
» et encrouté de préjugés antiques, n'est-ce pas
» montrer une belle audace ? Ne seroit-ce pas le
» comble de l'absurdité que de prétendre que tout
» est dit, lorsqu'il est encore tant de choses à
» dire ? »

Mais j'en dis trop moi-même et je dois me résumer. Gresset avoit beaucoup de talent ; mais il avoit encore plus de modestie, et par conséquent beaucoup d'indifférence pour ses ouvrages. Gresset, par conséquent, a pu laisser circuler dans le public plusieurs ouvrages qu'il dédaignoit, quoiqu'il en fut réellement le père. Gresset, depuis sa conversion occasionnée par la sainte et pieuse ferveur de M. d'Orléans de la Motte, évêque d'Amiens, a fait une abjuration publique de tous ses écrits, le 14 mai 1759, et depuis cette abjuration, il a brûlé sur l'autel de la religion, tous ceux ou presque tous ceux qui restoient dans son porte-feuille. Faut-il être étonné, d'après ce double sacrifice, l'un commandé par la modestie, et l'autre par notre sainte et auguste religion, faut-il, dis-je, être étonné que tous les jours on découvre de Gresset quelques ouvrages inédits ?

Toutes ces considérations m'ont porté à croire que le *Chien Pêcheur* et le poëme de *la Musique* étoient réellement de Gresset, et voilà pourquoi je les publie.

CASTELVADRA.

Le 3 avril 1812.

ÉPITRE A GRESSET.

Gresset, aimable auteur qui n'eus point de manége,
Voltaire t'appela *bel esprit de collége.*
Voltaire eut-il raison ? Tes vers harmonieux
Nous peignent quelquefois le langage des dieux :
Ton style est négligé, mais abondant, facile.
 J'aime de ton *Vert-Vert* le jargon volubile,
Enfant léger du cloître et d'un genre nouveau,
Sorti spontanément de ton pieux cerveau.
Vert-Vert à l'univers atteste, quoiqu'on dise,
Qu'on peut être poëte en dépit de l'Église.
 J'aime aussi ta *Chartreuse*, où les vers redoublés
Semblent, par le hasard, l'un à l'autre enfilés,
Où tu peignis si bien, du fond de ta cellule,
Les vices, les travers d'un monde ridicule.
 Rousseau, dit Jean-Baptiste, à Monsieur Lasseré, (1)
Adressa ton éloge en style un peu serré ;
Moi, je serai diffus : lorsqu'elle se hasarde
A célébrer les morts, ma muse est très-bavarde.
Parler bien et long-tems est un peu ton défaut ;
Parler long-tems et mal est ce qu'on dit tout haut,
Lorsqu'il est question de mes vers, de ma prose ;
Avant de la cueillir j'éparpille la rose.
 Il faut beaucoup savoir pour plaire en abrégé,
Il faut beaucoup d'atours pour plaire en négligé ;
Rien ne manque à ta muse ingénue et coquette,
Et moi, je fais des vers et ne suis point poëte.

Ton *Épître à ma muse* et ton *Lutrin Vivant;*
Ton *Carême Impromptu* que j'ai relu souvent,
Où la naïveté règne avec la décence;
Ton *Épître à ma sœur sur ma convalescence;*
Tes *Ombres; l'Abbaye*, ouvrage tout nouveau, (2)
Qu'après toi mit au jour Monsieur de Neufchâteau,
Ton *Épître à Bougeant,* tes discours, tes églogues
Que n'approuvèrent point quelques froids pédagogues.
Où toutefois Virgile, assez bien imité,
Trouveroit de la grâce et de la vérité;
Sydney qui nous a peint l'horreur du suicide,
Et ton *Édouard Trois*, (3) sa maîtresse perfide,
Vorcestre, son ministre, homme rempli d'honneur,
Qui n'aime que son maître et qui veut son bonheur;
L'ode que tu nommas *l'Amour de la Patrie*,
Ode si digne en tout de ton noble génie;
Ton *Parrain magnifique*, amour de l'avenir,
Que Monsieur Renouard d'Amiens a fait venir;
Ton *Voyage à la Flèche* et mille autres encore
Que, sans les avoir lus, sur parole on adore:
Tous ces derniers écrits, exposés à mes yeux,
Annoncent un talent solide et gracieux.
L'abbé Chaulieu, jadis l'Anacréon du Temple,
Qu'on admire de loin, que de loin on contemple,
Eut de très-grands succès pour quelques petits vers;
Mais je l'admire moins que l'oiseau de Nevers:
Sa réputation est tombée au Parnasse;
Il fut, quoique dévot, libertin avec grâce:
Il sabla le Champagne, il aima le plaisir;
Voltaire en fit l'éloge, il devoit réussir.

Desmahis, à son tour, fut loué par Voltaire;
Il devoit tout avoir, l'art d'écrire et de plaire :
Il fit *l'Impertinent*, mais sans nous insulter.

   Bernis, abbé charmant, qui voulut t'imiter,
Ne dut qu'à Pompadour sa grande renommée :
Du bien-aimé Louis la dame bien-aimée
Lui fit de cardinal obtenir le chapeau;
Ses vers eurent, dès-lors, le destin le plus beau;
Mais de fleurs un peu trop chargeant sa pannetière,
Voltaire le nomma *Babet la bouquetière*.
Toujours les Ris, les Jeux, les Driades toujours
Reviennent dans ses vers, en forment les atours;
Et Voltaire eut raison, dans sa juste logique,
De préférer l'or pur à l'or mythologique.

   Bernard de t'imiter eut aussi le dessein :
La rose quelquefois a fleuri sous sa main, (4)
Et même avec succès en peignant *Mélidore*,
Il trempa ses pinceaux dans les pleurs de l'aurore;
Mais il voulut en vain refaire *l'Art d'Aimer*;
Ovide est toujours là, tout prêt à le blâmer;
Et le duc de Coigni l'avoit chargé d'entraves :
Les poëtes de cour ne sont que des esclaves.

   Parlerai-je à présent de l'aimable Dorat?
Il fit de jolis vers, et quoiqu'il t'adorât,
Rarement sa manière est semblable à la tienne;
Il n'a point, comme toi, la grâce athénienne :
Son style brillanté manque de naturel,
C'est une enluminure, un fragile pastel,
Qui tombe et disparoît au souffle du Zéphire :
Faire de jolis vers n'est point tout l'art d'écrire.

Ton *Méchant* seul annonce un sage observateur
Qui déroule à son gré tous les replis du cœur,
Qui peint des passions la profonde malice,
De la sainte vertu sait distinguer le vice,
Et qui, toujours écrit avec force et clarté,
Présente le tableau de la société.
 Eh bien ! le croirois-tu ? de barbares feuillistes,
Qui sont des grands talens les grands antagonistes,
Ont osé critiquer le chef-d'œuvre d'un art
Que n'ont jamais atteint ni Dorat ni Bernard :
L'un entre autres, voulant déployer sa science,
S'écrie avec emphase : oui, c'est en conscience (5)
Que je vais dépecer le drame du *Méchant ;*
Il dit et s'abandonne à son noble penchant.
« La Harpe, notre ami, quoique censeur utile,
» De cette comédie a trop vanté le style.
» Moi, je sabrerai tout, et le style et l'auteur.
» Le lyrique Rousseau fit jadis un *flatteur,*
» Destouche un *médisant :* Gresset, vrai plagiaire,
» A suivi leur intrigue, a saisi leur manière :
» Il n'a rien inventé, son plan ressemble à tout,
» Il manque de talent, de génie et de goût ;
» Et ce style fangeux, dont on est idolâtre,
» Est un reptile né des ruisseaux du théâtre.
» Ainsi, l'ami Gresset, qu'on trouve si nouveau,
» N'a fait que ressasser et Destouche et Rousseau.
» Et d'ailleurs *le Méchant !* je n'aime point ce titre ;
» Je suis homme de goût, du goût je suis l'arbitre.
» Il falloit l'appeler le *Calomniateur,*
» *Le Tracassier, le Fourbe* ou *le Faux Narrateur.*

» Tout le monde est méchant ou du moins le doit être ;
» L'homme bon est un sot qu'il faut envoyer paître ;
» Et je ne croirois pas traiter un sujet neuf
» Que de dire au théâtre un bœuf est toujours bœuf.
» On ne fait rien sans moi dans la littérature ;
» Car aucun de mes vers ne souffre une rature.
» Combien dans *le Méchant* n'en ai-je pas notés
» Qui devroient, pour bien faire, en être tous ôtés !
» De la soubrette aussi pourquoi laisser le rôle ?
» Ou pourquoi si long-temps lui laisser la parole ?
» C'est elle qui fait tout, qui, par Monsieur Frontin,
» Des acteurs du *Méchant* dirige le destin,
» Et qui parle sur-tout un langage sublime,
» Toujours fidèle au sens, et fidèle à la rime.
» Faut-il lorsqu'on aspire à de nobles succès,
» Qu'une fille d'honneur parle si bien français ?
» C'est blesser la coutume et l'usage du monde ;
» Il falloit lui donner un jargon vil, immonde,
» Et qu'elle violât la syntaxe et les mœurs ;
» Qu'elle imitât enfin nos collaborateurs. —
» Elle vit chez les grands. — C'est fort bien, mais Géronte,
» Ce riche financier ! n'est-ce pas une honte
» De l'entendre parler comme un simple bourgeois ?
» Il vit dans sa maison, dit-il, et suit les lois
» Que des hommes de cour méprise la cabale ;
» Mais c'est un réchauffé *d'Orgon* et de *Chrisale*.
   » Valère est un railleur qui nous feroit plaisir,
» S'il ne finissoit point par un sot repentir,
» Et Chloé, son amante, est plus maussade encore ;
» Ariste, qui toujours sur la vertu pérore,

» Est un froid sermonneur qui n'a que faire là.
» Est-il, comme Gresset, un fils de Loyola?
» Sans peine on le peut croire ; et la belle Florise
» Qu'on aime rarement, que toujours on méprise,
» Semble trop rappeler à tout le genre humain
» La nonne que *Vert-Vert* a fait rimer en *tain*.
» La pièce est mal écrite, ainsi que mal ourdie.
» *Le Méchant*, à mes yeux, méchante comédie,
» Est faite, d'autre part, pour blesser un censeur,
» Et je n'y mènerai ma fille ni ma sœur.
» Le verbe *avoir* y joue un rôle trop infâme.
» Je suis trop chaste, moi, pour avoir une femme.
» J'ai des affections dont je ne parle pas ;
» Mes amours sont plus purs, mes goûts plus délicats.
» Qu'est-ce que *le Méchant*? un bâtard de la scène,
» Que rejettent au loin Thalie et Melpomène ;
» D'intérêt il est vide, et vide d'action ;
» Cléon y fait le mal avec intention.
» Scélérat, quoique jeune, il n'a point mon hommage ;
» Car d'un vieux scélérat il parle le langage.
» Valère m'attendrit alors qu'il se repent ;
» Mais il m'offre un agneau conduit par un serpent,
» Et cette comédie est à bon droit maudite :
» On y pleure, on y rit ; c'est un hermaphrodite. »
 Voilà, mon cher Gresset, comme après ton trépas,
T'arrangent ces Messieurs que tu ne connois pas !
Ils trouvent *le Méchant* indigne de nous plaire ;
Le Méchant est l'objet de toute leur colère ;
Et de Monsieur Cléon, que tu peignis si bien,
Le langage les choque encor plus que le mien.

Eh ! Messieurs, leur dirois-je, instruit par les naufrages,
L'ouvrage de Gresset vaut mieux que vos ouvrages.
De qui vous plaignez-vous ? *le Méchant* vous fait peur !
C'est frémir de votre ombre ; il est fourbe, trompeur ;
Il aime à tracasser, à brouiller les familles,
Au joug de leurs parens à soustraire les filles ;
Il ne voit en tous lieux que des pauvres d'esprit,
Et préfère un libelle au plus solide écrit ;
Il dicte à son valet des lettres anonymes,
D'odieuses chansons, et pour comble de crimes,
Met une jeune vierge au nombre des catins,
Et ne signe jamais ses pamphlets clandestins.
N'est-ce point là, Messieurs, votre aimable méthode ?
Le code du *Méchant* n'est-il pas votre code ?
Et quand il faut signer un libelle inhumain,
D'un valet soudoyé n'armez-vous point la main ?
Qu'est-ce que Monsieur A., Monsieur B., Monsieur H. ?
Le dénonciateur qui sous leur nom se cache,
N'est-il pas un perfide, un assassin moral,
Qui sous l'ombre du bien est seul auteur du mal ?
Vous pensez que Cléon médit et calomnie ;
N'êtes-vous pas doué de ce double génie ?
Et quand on vous répond, d'un voile redouté
N'environnez-vous point l'auguste vérité ?
Un brevet est sans doute une arme respectable ;
Mais l'opinion reste ; elle est inexpugnable,
Et la postérité, qui ne se trompe en rien,
Dira : l'auteur sifflé fut un homme de bien.

 Vous osez du *Méchant* blâmer le caractère !
Vous critiquez Gresset, vous critiquez Voltaire !

Gresset qui vous a mis au rang des *protégés*,
Toujours bas et rampans, toujours si bien jugés !
Et Voltaire surtout, dont la muse hardie
Jadis à vos dépens donna la comédie (6),
Qui gaîment terrrassa Pompignan et Trublet,
Et remporta sur eux un triomphe complet !
Quand vous le traitez mal, est-ce par représailles ?
 On se hait au Parnasse encor plus qu'à Versailles,
A dit ce grand poëte, et je n'en doute pas.
A Versailles du moins, courtisans délicats,
Les princes, les seigneurs, d'un libelle anonyme,
N'affubloient point leur homme ; ils lui montroient l'estime
Qu'on se doit l'un à l'autre, et sans vous imiter,
Ne souffroient même pas qu'on osât l'insulter.
Même dans leur colère ils mettoient de la grâce :
Vous rappelez Gacon, ils rappellent Horace.
Horace fut malin ; mais ignorant son art,
Vous blessez l'adversaire et cachez le poignard ;
On doit se taire enfin quand on n'a rien d'aimable.
 Horace avoit le droit de siffler son semblable.
A qui ressemblez-vous ? à de froids avortons,
Académiciens qui gagnent des jetons.
Mais j'ai tort d'attaquer votre plume indiscrète :
Vous célébrez l'acteur, vous blâmez le poëte.
Vos articles divers ne sont-ils pas remplis
De louanges pour l'un, pour l'autre de mépris ?
C'est agir noblement : l'histrion qu'on redoute,
Et qui nage dans l'or, est sublime sans doute :
Il donne des écus, il donne des repas ;
Il est riche et puissant ; quels talens n'a-t-il pas ?

L'homme chez qui l'on dîne est toujours un grand homme.
Corneille renaîtroit, et des héros de Rome
Il vous peindroit encor les antiques vertus,
Que vous diriez : Baron est encore au-dessus :
Corneille sans Baron seroit-il quelque chose ?

De Préville et d'Armand faites l'apothéose ;
Vous êtes des valets, les valets sont vos dieux.
Molière fut un sot, et tout est pour le mieux.
Mais la flamme du ciel vit-elle dans les pages
Que très-improprement vous nommez des ouvrages?
Et votre esprit borné, mesquin et rétréci,
Joint-il le grandiose à l'*utile dulci* ?
Quelques mots de latin fournis par Despautère,
Voilà votre savoir tant soit peu somnifère.
Joignez-y d'Olivet se trouvant toujours là (7),
Qui va disant : Messieurs, *punctum cum virgulâ*.
Je préfère à vous tous l'écolier qui sait lire.

De quel droit, en effet, sachant à peine écrire,
Osez-vous du *Méchant* invectiver l'auteur ?
Cléon d'un plat journal n'est point le rédacteur ;
Du monde il a l'esprit, vous celui du collége ;
Et se moquer des sots, voilà son privilége.

Mais vous, pour vous moquer, je le dis entre nous,
Connoissez-vous des sots qui le soient plus que vous?
Et quand vous critiquez ce Cléon que j'admire,
Ne composez-vous pas votre propre satyre?
Blâmer, me direz-vous, est un si doux métier !

La chenille s'attache et meurt sur le laurier,
Avec vous j'en conviens ; mais de quel droit encore
Louez-vous un auteur qui souvent vous ignore?

Oh ! qu'il est malheureux d'être par vous loué !
J'aimerois mieux cent fois en être baffoué.
Votre satyre au moins d'elle-même succombe,
Et ceux que vous louez descendent dans la tombe.
Nul ne les veut plus lire ; et quoique bien portants,
Votre miel vénéneux les tue avant le temps.
Telle on voit une plante, honneur de la nature,
Se dessécher, périr, lorsque d'une onde impure,
L'imprudent jardinier l'arrose constamment.
Dites du bien de moi, je fais mon testament.

   Oui, Gresset, je dirois : mon curé ! mon notaire !
Si j'étois approuvé par un folliculaire,
Et je croirois partir pour la sainte Sion.
Ton *Méchant*, disent-ils, est vide d'action ;
D'intérêt il est vide et marche terre à terre.
Mais, Gresset, réponds-moi : pour peindre un caractère,
Faut-il tout embrouiller, tout mettre en mouvement ?
Alceste, sans intrigue, arrive au dénouement,
Et peut-on s'empêcher, lorsqu'il se développe,
D'admirer, d'applaudir, d'aimer le Misantrope ?

   Va, va, malgré les cris des feuillistes jaloux
Qui disent : il ne faut rien admirer que nous ;
Ton *Méchant*, ô Gresset, mis au rang des chefs-d'œuvres,
Fera du journalisme expirer les couleuvres ;
Et près du *Glorieux*, du *Métromane* assis,
Il fera sans effort taire tous les partis :
Il fermera la gueule aux cerbères modernes,
Qui l'ouvrent pour louer des rimeurs subalternes,
Et qui, de ton esprit méconnoissant les droits,
Du Parnasse français pensent être les rois.

A-t-on vu les écrits de ces auteurs imberbes
Autant que le *Méchant* renfermer de proverbes?
L'esprit qu'on veut avoir gâte celui qu'on a.
N'est-ce pas d'eux, Gresset, que tu disois cela?

De tristes lieux communs; des phrases décousues,
D'un burlesque oripeau burlesquement vêtues;
L'art d'isoler des mots ensemble mariés,
Qui, désunis entre eux ou mal associés,
N'offrant qu'un sens obscur et dénué de grâce,
Font prendre pour des sots les aigles du Parnasse.
Voilà tout leur esprit, leur unique talent;
Ils élèvent aux cieux Monsieur Kérivalant, (8)
Et Reynal, Diderot, Helvétius, Voltaire,
Sont de pauvres coursiers qui ne savent que braire.

Esclaves du pouvoir, ils adorent les Grands,
Et pour de vils Crésus gardent tout leur encens.
Tels on voit des valets, tartuffes d'antichambre,
Se courber à l'aspect d'un Duc parfumé d'ambre.
A leurs yeux tout est mal lorsqu'on n'a point d'argent;
Un poëte est sans goût lorsqu'il est indigent;
Et pour ces bons Messieurs, fiers de leur infamie,
Quiconque est privé d'or est privé de génie.

Homère, aveugle et pauvre, avoit-il un écu?
Hélas! non. De leur temps, s'il eût jamais vécu,
Ils auroient déclaré que l'immortel Homère
Étoit un cuistre, un sot, un poëte éphémère:
Ils ont du vieux Rétif profané le tombeau; (9)
Ils ont injurié les mânes de Rousseau;
Et toi, si tu vivois, d'une voix sacrilége,
Ils diroient: Que Gresset retourne à son collége.

Qu'importent leur bassesse et leurs vaines clameurs ?
 Nul mieux que toi n'a peint le ton, les airs, les mœurs
De cette vieille Cour, où la tracasserie
Des vices à la mode allongeoit la série.
Ton Cléon est parfait comme on l'étoit alors.
D'un tartuffe emmiellé s'il n'a point les dehors,
D'un brillant scélérat n'a-t-il point la franchise ?
On peut être un Cléon sans être homme d'église.
Mais de tes successeurs *disons un mot ou deux.*
 Quel autre a, depuis toi, fait des vers plus heureux ?
Est-ce Monsieur Collin, surnommé d'Harleville ?
On dira que sa muse est aimable et facile :
Je le crois ; mais ses plans ne sont jamais profonds ;
S'il brille par la forme, il pèche par le fonds ;
Et puis, à chaque instant, il coupe l'hémistiche,
Et son style, inégal et quelquefois postiche,
Couvrant un léger corps d'un vêtement léger,
Ressemble au papillon qui cherche à voltiger.
Son Vieux-Célibataire est l'ouvrage d'Avisse. (10)
 D'Églantine, à son tour, voulut peindre le vice,
Il y réussit même, et son style nerveux,
Par sa véracité fait dresser les cheveux ;
Mais son style me peint le jargon détestable
D'un abbé qui s'enivre et déraisonne à table.
 De Monsieur *Biroutté* je ne parlerai pas ;
Il fit valoir sa pièce à force de ducats ;
De ses admirateurs le parterre fourmille :
Il réussit toujours, on le joue en famille.
Quel est, me dira-t-on, ce Monsieur *Biroutté* ?
C'est un auteur divin, car il est bien renté.

Mais quel malheur pour toi d'ignorer les *Deux Gendres!*
L'auteur du Misantrope y renaît de ses cendres.
Il est vrai qu'un Jésuite, un de tes professeurs,
Fit, jadis, *Conaxa*, de l'aveu des Neuf-Sœurs,
Et cette bagatelle a quelque ressemblance
Avec... Mais, sur ce point, je garde le silence.
L'auteur se trouve là... forcés de l'applaudir,
Glissons légèrement sans rien approfondir.

Le Tartuffe de mœurs, *le Tyran domestique*,
Malgré tout leur succès meurent dans la boutique,
Et le libraire en vain, les voulant ranimer,
A côté du *Méchant* les feroit imprimer.

Le Méchant sur eux tous planera d'âge en âge.
Le Méchant de ton siècle est la parfaite image :
C'est le tableau des mœurs qu'on ne reverra plus,
Où triomphe le vice à côté des vertus.
Quels contrastes frappans ! Quelle verve féconde !
C'est ainsi qu'autrefois agissoit le grand-monde.
Qu'ai-je dit ? Ces Messieurs qui, la plume à la main,
Veulent rompre en visière à tout le genre humain ;
Ces prêtres défroqués, littérateurs ermites ;
Ces feuillistes honteux, qui font les chattemites
En ne signant jamais leurs extraits insultans,
Ne pouvant t'égaler et triompher du temps,
Disent que ton héros est au goût infidèle :
Sans avoir son esprit, ils sifflent leur modèle.

NOTES DE L'ÉPITRE A GRESSET.

(1) C'est le célèbre et infortuné Jean-Baptiste Rousseau qui, dans ses deux lettres à M. Lasseré, conseiller au parlement, et dans sa lettre au révérend père Brumoi, a le premier fait connoître les premiers ouvrages de Gresset; J.-B. Rousseau, jouissant alors d'une grande renommée, a eu beaucoup d'influence sur la renommée naissante du jeune poëte; mais il me semble qu'il a poussé la louange un peu trop loin, lorsqu'il a appelé le conte de *Vert-Vert* un phénomène littéraire; beaucoup d'autres poëtes, soit étrangers, soit régnicoles avoient déjà travaillé dans ce genre, et avoient fait bien, et peut-être mieux que Gresset.

(2) Cette épître, intitulée *l'Abbaye*, est-elle réellement de Gresset? Je n'ose point le nier, puisque M. François de Neufchâteau est aussi respectable par ses vertus que par ses talens. Cependant, quoique la manière de Gresset règne en général dans cette épître, il y règne de plus un ton qui n'est pas trop le sien, et qui, par conséquent n'est point celui de la bonne compagnie. Dans cette épître adressée à M. le Chevalier de Chauvelin, et dirigée contre un moine-abbé, Gresset appelle ce moine-abbé *Dom Priapè*, et peint ses déportemens d'une manière sale et peu digne de l'auteur de *Vert-Vert* et de la *Chartreuse*. Il est vrai qu'il a choisi ces mots pour épigraphe : *facit indignatio versum;* mais cette épigraphe ne l'excuse pas.

(3) La tragédie d'*Édouard III* est fort bien écrite. Le caractère du ministre Vorcester est admirable; mais un personnage est tué avant le dénouement, et voilà que tous les gens de goût ou soi-disant de goût, ont crié *tolle* contre l'auteur, disant que l'auteur avoit violé les règles du théâtre, et que par conséquent, sa tragédie ne valoit rien. Ces clameurs

prouvent seulement que Gresset n'étoit point l'imbécille esclave des règles; qu'il avoit l'esprit philosophique quoiqu'élevé dans un collége, et que les écarts heureux du génie valoient bien la marche régulière et insipide du goût.

(4) Allusion à la jolie chanson de Bernard, sur la rose : *Tendres fruits des pleurs de l'aurore*, que tout le monde a chantée dans sa jeunesse, quoiqu'il y ait ce vers extrêmement dur, *qu'il soit ton trône et ton tombeau*; allusion ensuite au poëme du même, intitulé : *Phrosine et Mélidore*, moins connu que *l'Art d'Aimer*, parce qu'étant posthume il n'a point été prôné par la brillante société de M. le Duc de Coigni, mais qui vaut infiniment mieux pour le fond et pour le style.

(5) Rien de plus burlesque que la manière dont le rédacteur du journal de Paris, signé par E., annonce qu'il va critiquer la comédie du *Méchant*; on prendroit volontiers ce préambule pour l'exorde d'un sermon, et peut-être on ne s'y tromperoit pas. Cet exorde est beaucoup plus ecclésiastique que littéraire. Mais quelle grande bouche ouvre ce rédacteur pour souffler dans une petite flûte!

(6) Allusion à la comédie de l'*Écossaise*, où Fréron fut si bien arrangé tantôt sous le nom de Frélon, et tantôt sous celui de Vasp. Fréron avoit répondu à l'Écossaise par une comédie charmante en 3 actes, en prose, intitulée : *Ophello*; comédie que j'ai entendu lire, il y a environ quarante ans, par Fréron lui-même, et que j'ai beaucoup approuvée. Voltaire, par son crédit, empêcha que cette pièce ne fût représentée, et même imprimée, ce que je n'ai point approuvé; car, quoique Voltaire eût étudié chez les Jésuites, quoique je sois ex-Jésuite moi-même, je préfère à la sainte société de Jésus, la sage liberté de la presse.

(7) L'abbé d'Olivet, que Piron appeloit plaisamment *Juré peseur de Dipthongues*, est l'oracle des nouveaux jour-

nalistes et ses ouvrages sont leur évangile; sans doute ils ne font point mal de l'admirer. Si ces Messieurs avoient besoin de l'éteignoir du génie, ils l'auroient trouvé dans l'abbé d'Olivet; croiroit-on cependant que, malgré son purisme, cet abbé grammairien a osé trouver des fautes dans Racine?

(8) Poëte Nantais qui inonde de ses petits vers tous les petits almanach du commencement de l'année. Il devroit bien, pour réussir, imiter *Desforges Maillard*, son compatriote, et mettre tous ses ouvrages sous le nom d'une nouvelle Malcrais de la vigne.

(9) Rétif-la-Bretonne, auteur du *Paysan perverti*, des *Contemporaines*, etc. étoit un homme de génie : ces Messieurs ont à peine osé l'attaquer de son vivant; et après sa mort, ils ont couvert sa tombe respectable d'opprobre et d'ignominie, semblables en cela aux Vampires qui succent le sang des cadavres pour s'en nourrir.

(10) La meilleure comédie de Collin-d'Harleville, est sans contredit *le Vieux-Célibataire* ; or, *le Vieux-Célibataire* a été fait d'après la comédie d'Avisse, en 3 actes, en vers, intitulée : *La Gouvernante*. La Madame Evrard de Collin est entièrement calquée sur la Jacinthe d'Avisse : mais du moins Collin-d'Harleville a indiqué dans sa préface la source où il avoit puisé, et beaucoup d'autres font des préfaces orgueilleuses où ils nient effrontément tous les plagiats qu'on leur reproche. Ce n'est point être plagiaire que d'imiter les poëtes grecs et latins. Racine et Voltaire ont donné cet exemple; ce n'est pas même être plagiaire que d'avoir des ressemblances avec les pièces imprimées de nos auteurs françois les plus célèbres. Mais quand on puise dans un manuscrit non imprimé un sujet de comédie en 5 actes, et qu'on n'en dit rien à personne, il me semble qu'on a tort et qu'on doit s'attendre à avoir contre soi tous les ex-jésuites de l'Empire. En ma qualité d'ex-jésuite, je ne prononcerai piont sur un aussi grand procès.

LE CHIEN PÊCHEUR,

OU

LE BARBET DES CORDELIERS D'ÉTAMPES,

PAR GRESSET.

Dans ce charmant vallon, où l'Ouette et sa sœur
Unissent deux ruisseaux d'inégale grosseur,
S'élève un bâtiment, d'architecture antique,
De tout temps habité par l'ordre séraphique.
Un verger le couronne, et des arbres épais
Y donnent à qui veut le couvert et le frais.
Par mille autres endroits ce séjour est aimable;
Mais un Barbet surtout le rend considérable.
Issu d'illustre race, il porte dans ses yeux
Le beau feu qu'y jeta le sang de ses aïeux.
Des flots de ses longs poils l'élégante frisure,
Imite du Lion la vaste chevelure.
La nature, il est vrai, par une heureuse erreur,
Le revêtit d'un corps bien moindre que son cœur.
Aussi, n'étant pas né pour la chasse ordinaire,
Inutile talent dans un bon monastère,
Il se borna d'abord à garder la maison,
Aboyant le passant, quelquefois sans raison,
Lorsqu'il le voit surtout vêtu de telle sorte
Qu'il vient en demander plutôt qu'il n'en apporte.

Aux pères, comme il doit, toujours il rend honneur;
Au frère fait sa cour et surtout au quêteur.
Du plus loin qu'il revoit ce moissonneur habile,
Courbé sous le doux faix des présens de la ville,
Par l'odeur attiré comme par un aimant,
Il court en sa façon, lui fait son compliment.
Mais, aussi, lorsqu'il sent le temps du souper proche,
Il craint plus que le feu le maudit tournebroche.
Quel supplice, en effet! toujours en action,
Pour le plaisir d'autrui, tourner comme Ixion.
Le frère, cependant, que la chose intéresse,
Par ses cris redoublés incessamment le presse:
Même, si quelquefois le rôt étoit grillé,
Le pauvre rôtisseur étoit bien étrillé.
Du moins, si de sa peine il tiroit avantage!
Mais quoi! des os rongés? quel injuste partage!
Réduit pour l'ordinaire à nétoyer le plat;
Tel étoit du barbet le malheureux état.
Il le sentoit assez; mais, enfin, quel remède!
Et que peut un grand cœur, Fortune! sans ton aide?
Enfin, il arriva ce moment souhaité
Qui tira le talent de son obscurité.
C'étoit le jour heureux, où la nymphe captive,
Pour quelque temps retourne à son aimable rive;
Rive qu'elle forma, qu'elle chérit toujours,
Où, malgré tous nos vœux, l'entraîneroit son cours,
Si de nos citoyens l'audacieuse ligue
N'opposoit à ses flots une puissante digue.
Après combien d'efforts! que de rudes combats!
Mortels de ce succès ne vous élevez pas.

Vous sentirez le poids de toute sa vengeance :
Elle entrera chez vous, malgré sa répugnance ;
Mais, si vous profitez du fruit de son séjour,
Vous ne pourrez jamais mériter son amour.
Le don qu'elle vous fait vous déclare la guerre ;
L'écrevisse est terrible et sur l'onde et sur terre.
Quoique cet ennemi recule quelquefois,
Ne vous y fiez pas, prenez-garde à vos doigts.
Il n'est en tout son air rien qui ne vous menace ;
Il a le casque en tête ; il porte la cuirasse ;
Et comme un Gérion, par six bras défendu,
Il perce jusqu'au sang le pêcheur éperdu.
On voit l'onde rougir, et la nymphe outragée
S'applaudit, en secret, d'être si bien vengée :
Elle boit à longs traits la sanglante liqueur,
Et pour comble de rage en nourrit le vainqueur.
Pour lui, par un bienfait à nul autre semblable,
Comme un nouvel Achille il est invulnérable.
Ainsi lors quelquefois, dans ces affreux combats,
Que, pour sauver le corps, il abandonne un bras,
Un autre bras succède et bientôt le remplace.
De là cette valeur, de là vient cette audace,
Qui lui fait prodiguer ces membres étonnans,
Mille fois emportés, mille fois renaissans.
Bien plus, son corps entier souvent se renouvelle ;
Il quitte son écaille, en prend une plus belle,
Et tel que le Phénix, reproduit tout nouveau,
Dans son sépulchre même il trouve son berceau.

 Tel étoit le présent de la Nymphe hautaine ;
Si l'on en profitoit, ce n'étoit pas sans peine,

Et la peine toujours surpassoit le profit.
L'Hydre trouva l'Hercule enfin qui le défit.
Trois hivers écoulés, on lève la barrière
Qui dans un lit forcé captive la rivière.
Le fleuve impétueux s'échappe en un moment,
Et laisse les poissons hors de leur élément.
Comme un autre Tentale, on y voit sur les rives
L'écrevisse cherchant les ondes fugitives.
Alors chacun s'empresse à prendre part au gain,
Et les poissons, ce jour, se pêchent à la main.
Tous profitent du temps, il n'est pas jusqu'au frère,
Qui, les bras retroussés, en tunique légère,
Ne cherche l'écrevisse en ses antres profonds;
Barbet le suit aussi, Barbet fait mille bonds,
Et, sans crainte foulant le bourbeux marécage,
Va flairant dans les trous qui sont sous le rivage :
L'écrevisse, aussitôt, le prend pour un appas,
Et de sa double serre entr'ouvrant le compas,
Par ses crins le saisit : un autre vient ensuite :
Le barbet vers son maître à l'instant prend la fuite.
Que vois-je, juste ciel ! s'écria celui-ci,
Barbets, en ce pays, pêchent-ils donc aussi?
De la pourpre autrefois ils montrèrent l'usage ;
L'écrevisse est pour nous un plus grand avantage.
Il dit et, sans délai, d'un signe de la main,
Il lui marque sa route en lui jetant du pain.
La fortune, à l'envi, Barbet, te favorise.
Tu retournes chargé d'une nouvelle prise.
Qui pourroit exprimer le plaisir, le transport,
Dont le frère est ravi, le revoyant à bord?

Dans ses bras il le prend, le baise, le caresse;
Barbet, en sa façon, répond à sa tendresse,
Et par reconnoissance autant que par honneur,
Se porte à son devoir avec bien plus d'ardeur.
Lorsque dans son canal la Nymphe est revenue,
Toujours avec succès la pêche continue.
On le voit enhardi, méprisant le danger,
Se jeter dans les eaux, sous les flots se plonger.
Le Frère, plus prudent, prend une gibecière,
En fait à son plongeur comme une muselière.
Le nouvel amphibie, étant ainsi masqué,
Contre un double ennemi ne sera plus risqué :
Mais, pour mieux amorcer l'imprudente écrevisse,
Le Frère ajoute encore un nouvel artifice :
De certain composé de sympathique odeur,
Il parfume le poil de l'athlète pêcheur.
L'ennemi le croit mort, saisit son apanage :
Le barbet ressuscite et revient à la nage.
Tel qu'on voit quelquefois, du milieu d'un buisson,
Le dos armé de traits, sortir un hérisson,
Tel on voit le barbet reparoître avec gloire,
Chargé de toutes parts du fruit de sa victoire.
Le Frère, en souriant, le décharge aussitôt;
Au fond d'un vaste sac met la pêche en dépôt;
Puis vers un autre endroit à l'instant le renvoie
Se charger, s'il se peut, d'une nouvelle proie;
Il ne l'en quitte point qu'après la quantité
Qu'il juge suffisante à la communauté.
Même si quelquefois, par trop de promptitude,
Il s'en revient à vide, alors, d'une main rude,

Il lui frappe les flancs des nœuds de son cordon.
Par ses cris le barbet lui demande pardon.
Mais lorsqu'il a fourni sa pénible carrière,
Et secoué trois fois son humide crinière,
Dont un léger brouillard jusqu'au Frère jaillit,
D'une langue légère enfin il se polit.
Alors, tel qu'un César montant au Capitole,
Glorieux et content vers le logis il vole.
C'est là que le vainqueur, pour comble de plaisir,
Sur un ardent brasier voit l'ennemi rougir.
Il en tressaille d'aise, en repaît sa colère,
(Leçon qu'apparemment il n'apprit pas du Frère,)
Et contemple, étonné, le caprice du sort
Qui lui donne la pourpre en lui donnant la mort.

 Ainsi, notre Barbet devint considérable,
Joignant par ce moyen l'utile à l'agréable.
Avant lui quelquefois, et toujours trop souvent,
Le simple potager nourrissoit le couvent.
Par ce nouveau secours, du sein de l'indigence
On vit, avec surprise, éclore l'abondance.
L'étranger qu'attiroit ce fait prodigieux,
Goûtoit, avec plaisir, ce mets délicieux.
Sur la fin du repas, cette viande ambiguë,
De son brillant éclat réjouissoit la vue :
Le vinaigre éguisant l'appétit émoussé,
A manger de nouveau chacun se sent pressé :
La chair en est salubre, agréable et légère ;
Enfin à peu de frais on faisoit bonne chère.
Le voyageur, content de l'hospitalité,
En partant signaloit sa libéralité ;

Barbet avoit aussi sa part de ses largesses,
Quantité de reliefs et beaucoup de caresses.
Aussi n'étoit-ce plus ce rôtisseur chétif ;
Il exerçoit un art beaucoup plus lucratif.
(Un autre tournebroche avoit rempli sa place.)
Il n'étoit occupé qu'à sa paisible chasse.
Comme en un fleuve d'or, ce pactole pêcheur,
Faisoit de sa maison la richesse et l'honneur.

Que la fortune hélas ! par un seul tour de roue,
Des plus nobles projets insolemment se joue !
Qui jamais l'eût pensé, que dans ces mêmes lieux
Qui furent les témoins de ses faits glorieux,
Le vainqueur, succombant sous les traits de l'envie,
Pour toute récompense, y dût perdre la vie ?
Son audace, il est vrai, lui procura la mort.
(Le frère étoit absent.) Il veut prendre l'essor;
Sans ce guide fidèle et sans sa muselière,
Téméraire il se lance au fond de la rivière.
La Nymphe, cette fois, saisit l'occasion
Et satisfait enfin sa longue aversion :
Elle anime ses flots, excite une tempête :
En vain le barbet nage, en vain lève la tête,
Il fallut succomber. O ciel ! il ne vit plus !
Pour le chercher, hélas ! que de soins superflus !
Chacun est attentif si le barbet abboie :
L'écrevisse à son tour en avoit fait sa proie.
Tous, et surtout le Frère, en pleure amèrement;
Et pour l'éterniser par quelque monument,
Sur ce bord on élève un riche cénotaphe,
Où l'on grave ces vers en forme d'épitaphe. :

« Tel étoit ce Barbet, de qui l'habileté
» Suppléa si long-temps à notre pauvreté.
» Hélas ! il ne vit plus ! nous sommes sans ressource ;
» La Parque, en nous l'ôtant, nous a coupé la bourse.
» Qui peut nous consoler, dans un si grand malheur ?
» Qui peut nous secourir ? Ta charité, lecteur. »

LA MUSIQUE.

CHANT PREMIER.

Vous verrai-je toujours d'un esprit prévenu,
Blâmer un goût, Damis, à vous-même inconnu ?
Transporté de colère au seul nom de cantates,
De nouveaux opéras, de motets, de sonates,
Vous devenez l'effroi des modernes auteurs,
Et rien ne peut contre eux modérer vos fureurs.
Quoi ! quitter, dites-vous, dans leur verve insensée,
La route par Lully si sagement tracée !
De l'art harmonieux il donna des leçons ;
Il sut à notre langue accommoder ses sons.
Jamais on ne le vit plein d'une folle audace,
Par des chants dénués ou de force ou de grâce,
D'un vers trop répété rompre la liaison,
Ou sur le même mot voltiger sans raison.
Loin de nous ces auteurs dont la fière Italie
Etale vainement la savante folie.
Chez eux tout est extrême, et jamais le bon sens
Ne régla leurs desseins ou trop vifs ou trop lents.
Leur sonate à Lully n'eût paru qu'un caprice
Propre à former la main par un vif exercice,
De sons impétueux un bizarre chaos,
Qui, sans toucher le cœur, en trouble le repos.

Que n'eût point dans ce genre enfanté son génie,
S'il n'en eût dédaigné la frivole manie ?
Son goût nous doit servir de modèle et de loi ;
Lully seul, en un mot, a des charmes pour moi.
Révérons, j'y consens, son art et sa mémoire ;
D'un siècle florissant il étendit la gloire :
Sage dispensateur des harmoniques lois,
Il fonda la grandeur du Théâtre François.
Que sur le double mont il ait le rang suprême ;
Mais le respect qu'inspire une beauté qu'on aime,
A-t-il droit d'attirer d'injurieux mépris
A toute autre beauté qui peut avoir son prix ?
Non, non, dispensez mieux votre amour, votre haine ;
Que la droite raison soit votre loi certaine ;
Et, sans vous prévenir contre un auteur nouveau,
Pesez ce qu'un ouvrage a de foible et de beau.

 Chez nos simples aïeux une muse sauvage
Du chant tendre et touchant ne connut point l'usage ;
Des moindres libertés, scrupuleux ennemis,
D'un air dur et stérile, esclaves trop soumis,
Les auteurs ignoroient l'effort de l'harmonie ;
Un contre-point forcé resserroit leur génie :
Les cantiques sacrés, les plaintes des amans
Languissoient sous le poids des plus lourds mouvemens.
Tels furent de Lassus (1) les ouvrages antiques,
Des jeune et vieux Claudin les ballades gothiques,
Les trio d'Aucoureaux sur les vers de Mathieu,
Où les mots surannés, placés hors de leur lieu,

(1) *Orlano Lasso*, *Italien établi en France.*

Immolant la raison aux plus barbares rimes,
Etaloient follement de pieuses maximes.
Boisset fut le premier qui, le siècle passé,
Composa des chansons d'un style plus sensé.
Des traits passionnés il peignit la tendresse,
Dans les bachiques jeux il sema l'allégresse.
Le Camus, pour séduire et le cœur et les sens,
N'exhala que des airs plaintifs et gémissans,
Et des tendres oiseaux empruntant le langage,
De ses nouveaux printemps introduisit l'usage.
Lambert qui les suivit sur un ton doucereux,
Dans le bel art du chant les surpassa tous deux.
Il fit porter des sons conduits avec prudence,
Apprit à soutenir et battre la cadence.
Par des doubles fréquens il exerça la voix;
Il la sut rendre ferme et légère à la fois.
Mais ainsi qu'au défaut de beauté naturelle,
Des charmes imposteurs font briller une belle,
Ses airs n'ont ébloui que par un chant fardé;
Sur l'art de les chanter, tout leur prix est fondé;
La basse n'est jamais juste ni régulière;
Ses doubles sont marqués à la même manière;
Et, malgré son recueil que Ballard vendit cher,
Phébus a décidé qu'il n'avoit fait qu'un air.

 Tel fut le goût français dans son adolescence,
Lorsque, pour relever l'harmonique science,
Le Dieu du Sacré-Mont fit naître un favori (1)
Aux bords Etruriens par les Muses nourri,

(1) *Lully*.

Qui, plein de leurs transports, guidé par Polymnie, (1)
Fit éclater le feu de son rare génie.
Un instrument fécond (2) jusqu'alors avili,
Sous sa brillante main fut bientôt ennobli.
Dès les premiers essais de sa veine fertile,
De l'éclat de ses sons il éblouit la ville,
Et produisit enfin, à la Cour de Louis,
Dans l'art de composer, ses talens inouis.
  La Cour superbe, alors dans sa saison fleurie,
Goûtoit les doux attraits de la galanterie :
De naissantes beautés attiroient chaque jour
Des fêtes à l'hymen et des jeux à l'amour.
Un roi jeune, puissant et tout couvert de gloire,
Sans cesse couronné des mains de la victoire,
Pour délasser son bras de ses travaux guerriers,
Dans le sein de l'amour dormoit sous ses lauriers ;
Ses combats, ses plaisirs, ses galantes conquêtes,
Donnoient un vaste champ à d'éclatantes fêtes.
Baptiste osa former l'ambitieux projet
D'exprimer par des chants un tragique sujet ;
Et paré le premier du cothurne lyrique,
Apprit à déclamer et parler en musique.
Polymnie en frémit. Dieux ! dit-elle en courroux,
Qu'entreprend cet ingrat de ma gloire jaloux ?
Est-ce par ton aveu, Phébus, que Melpomène
Veut s'asservir mes sons pour briller sur la scène ?
Prétend-elle, usurpant de tyranniques droits,
Malgré moi me forcer à lui prêter ma voix ?

(1) *Muse de la musique.*
(2) *Le violon.*

Mais quel mépris, ô ciel ! quelles scènes grotesques
Font retentir les airs de mille sons burlesques ?
Quoi ! Momus, aiguisant ses satyriques traits,
Ose défigurer mes lyriques attraits !
Apollon l'entendit, mais sa plainte fut vaine.
Par Lully, Polymnie unie à Melpomène,
Avec mille ornemens étala sous nos yeux
Un divertissement comique ou sérieux.
Tels sont Cariselli, Vénus, la Sérénade,
Coronis, Pourceaugnac, Bacchus, la Mascarade.
De ces premiers ballets l'insipide action
Fit languir les récits vides d'expression.
Un art plus animé, brillant dans le comique,
De traits ingénieux frappe, étincelle, pique ;
J'aime de Carisel les burlesques douleurs,
Et ris dans Pourceaugnac du trio des docteurs.

 Enfin, donnant l'essor à son vaste génie,
Et d'un style plus fort maniant l'harmonie,
Par des soins redoublés Lully se prépara
A placer sur la scène un pompeux opéra.
La fortune pour lui cessant d'être cruelle,
Lui traça dès l'instant une route nouvelle ;
D'un privilège utile et de mille bienfaits,
Louis sut prévenir ses avides souhaits,
Et malgré les efforts d'une troupe ennemie, (1)
Honora ce concert du nom d'Académie.
Cadmus parut d'abord sous un noble appareil ;
Il se vit couronné d'un succès sans pareil.

(1) *Les comédiens Français.*

Alceste qui suivit, Isis, Psyché, Thésée,
Atys, Bellerophon, Proserpine, Persée,
Phaëton, Amadis, Roland le furieux,
Portèrent de Lully le nom jusques aux cieux.
Armide qu'il conçut dans des douleurs cruelles, (1)
Lui fit enfin cueillir des palmes immortelles.
Sur les bords Phrygiens, tel un Cygne aux abois
Enchante les échos par sa mourante voix.
　Avouons-le, jamais la nature féconde
D'un plus rare talent ne fit présent au monde.
Dans ses heureux transports, toujours noble, élevé,
Il fut pour le théâtre un modèle achevé.
Sacrifices, tombeaux, enchantemens, orages,
Tout nous trace chez lui de fidèles images ;
Tout est fondé, suivi, rien ne marche au hasard,
Et chaque acte renferme un chef-d'œuvre de l'art.
Les fêtes de Psyché, les tristes chants des ombres
Que trouble Proserpine en leurs demeures sombres ;
(2) Méduse et (3) les soupirs du tendre dieu des bois,
La (4) Pithie et l'Oracle annoncé par sa voix,
Le tombeau d'Amadis, les duo, le prologue,
Les chœurs de Phaëton, les airs, le dialogue,
Les songes, le sommeil, le désespoir d'Atys,
Armide, presque entier, n'auront jamais de prix.

(1) *Pendant l'opération qu'on lui fit.*
(2) *Dans Persée.*
(3) *Dans Isis.*
(4) *Dans Bellerophon.*

Tant de riches tableaux brillent d'une peinture
Où la force de l'art égale la nature.
Dans les bornes du vrai sans cesse différent,
Son récitatif plaît, attendrit ou surprend ;
Il est également ou touchant ou sublime.
Son ballet même émeut, caractérise, exprime,
Sous de simples desseins son savoir déguisé
N'offre rien dans ses chœurs que de noble et d'aisé :
C'est par ces traits divers qu'au temple de mémoire
Les Muses à jamais ont consacré sa gloire.

   Mais à quelque degré que son art l'ait porté,
Quinault doit partager son immortalité.
Ces mouvemens secrets d'horreur, de jalousie,
Dont l'image épouvante et dont l'âme est saisie,
Ne se doivent pas moins à la force des vers,
Aux situations, aux spectacles offerts.
Du style ingénieux, de la sage conduite,
Du jeu de qui la scène emprunte son mérite,
Naissent les doux transports dont le beau sexe épris,
Aux plus vulgaires sons donne souvent le prix.

   L'opéra de deux sœurs est le savant ouvrage,
Où l'effort de leur art à l'envi se partage :
Melpomène d'un style et libre et peu chargé,
Y doit peindre un sujet sagement ménagé,
A bien rendre le sens Polymnie attachée,
Doit moduler des sons dont l'âme soit touchée.
Quand on peut allier leurs différens appas,
Quels charmes cet accord ne rassemble-t-il pas ?
Mais comment Melpomène à des chants asservie,
Peut-elle soutenir une intrigue suivie ?

L'opéra n'est au fond qu'un poëme imparfait ;
Ce n'est que par lambeaux qu'on saisit le sujet.
Les divertissemens dont chaque acte se pare,
Harmonieux discours où notre esprit s'égare,
Par leurs jeux imprévus coupent l'évènement ;
Avec peine on le suit, le plus beau dénouement,
Où souvent l'action brusquement se termine,
Ne se doit qu'au secours d'un dieu dans sa machine.
 Quinault seul de cet art pénétra les secrets ;
Tous ses mots pour les sons semblent s'offrir exprès.
Sa diction, toujours facile et naturelle,
Trace de sa pensée une image fidelle ;
Ce qu'il conçoit s'explique avec fécondité ;
Son tour est doux, lyrique, et n'est point emprunté.
Sa scène se soutient dans toutes ses parties ;
Son dialogue est plein de justes reparties.
Enfin c'est par Quinault qu'animé, soutenu,
Au comble de son art, Batiste est parvenu ;
Sans Batiste, Quinault n'eût point atteint la place
Qu'avoué des neuf Sœurs il occupe au Parnasse ;
Mais leurs rares talens l'un par l'autre embellis,
Du théâtre harmonique éternisent le prix.

CHANT SECOND.

Vous donc qui pleins du feu qu'Apollon vous inspire,
Voulez unir vos vers aux doux sons de la lyre,
De vos doctes travaux choisissez pour objet,
Une fable connue, un fertile sujet,
Dont le dessein conduit avec ordre et sagesse,
Dans sa variété réjouisse, intéresse.
Que le nœud préparé dès le commencement,
Par un simple progrès conduise au dénouement ;
Que l'action soit une, et que chaque partie,
A celle qui la suit étroitement se lie ;
Que tout au même but forme un heureux concours ;
Qu'un épisode froid n'en trouble point le cours.
De nobles incidens enrichissez l'intrigue ;
Trop simple elle assoupit, obscure elle fatigue.
Offrez au spectateur, ardent à s'attacher,
Des situations qui le puissent toucher.
Sur deux Dieux amoureux, étincelans de gloire,
J'aime à voir un (1) mortel remporter la victoire.
L'âme frémit du coup qu'Armide va porter
Dans le sein du héros qu'elle sait enchanter,
On s'émeut à l'aspect du poison parricide ;
Qu'à son fils inconnu présente un roi perfide (2).

(1) *Dans Thétis et Pelée.*
(2) *Egée dans Thesée.*

Que vos scènes surtout brillent de sentimens
D'où naissent dans le cœur d'imprévus mouvemens.
Faut-il peindre un transport de désespoir, de rage,
Les plaintes d'un amant qu'on trahit, qu'on outrage?
Du seul récitatif cherchez l'expression.
Un air trop mesuré fait languir l'action.
Si de deux confidens la scène moins émue
N'a rien d'impétueux dont l'image remue,
Qu'un dialogue alors en maximes formé,
De brillantes chansons soit partout animé;
Qu'avec choix, qu'avec art vos fêtes amenées,
Au nœud de l'action paroissent enchaînées,
Et fassent, au milieu des danses et des jeux,
Éclore l'appareil d'un spectacle pompeux.
De vos vaines fureurs calmez la violence;
La lyre dans ses chants veut moins de véhémence.
Imitez de Quinault le style gracieux,
La vive netteté, le tour ingénieux :
Empruntez, s'il se peut, le feu de ses répliques:
Que vos vers soient formés de mots doux et lyriques.
D'un long récitatif évitez la langueur :
De quelque sentiment qu'il pénètre le cœur,
Quelque soit de son chant le pouvoir harmonique,
Il ne devient jamais un effort de musique :
C'est la foible partie où l'art mélodieux
Se montre plus stérile et moins laborieux.
Lully qui le premier en traça la manière,
N'en épuisa-t-il pas l'infertile matière?
Après lui, dans ce genre, est-il des chants nouveaux
Qui puissent des auteurs signaler les travaux?

Mais le public outré dans son caprice extrême,
Ne se trouve jamais d'accord avec lui-même.
Colasse de Lully craignit de s'écarter ;
Il le pilla, dit-on, cherchant à l'imiter.
Marais suit une route et diverse et savante ;
Son audace déplaît, son savoir épouvante.
Ainsi dans son génie un moderne enchaîné,
Ne produit plus qu'un chant ou vulgaire ou gêné,
Et n'ose sur un mot hasarder un passage
Dont Batiste autrefois ait ignoré l'usage.
La chûte des auteurs, et le funeste sort
Qui suivit tant de fois leur inutile effort,
Oppose à leur ardeur une juste barrière ;
Aucun d'eux ose à peine entrer dans la carrière,
Tandis qu'en vain contr'eux le public soulevé,
De nouveaux opéras se plaint d'être privé.

Cependant tel qu'on voit un vaisseau dans l'orage,
Des ondes en courroux braver l'affreuse rage,
Et traversant des flots les abîmes ouverts,
Terminer dans le port mille travaux divers,
Tels, sur les flots bruyans de la mer harmonique,
Au travers des écueils de la scène lyrique,
La France a vu, du sein de ses auteurs nouveaux,
Au gré de la fortune, échapper des morceaux
Dont les heureux desseins et dont la simphonie
Firent luire à nos yeux quelques traits de génie.
Quand la Parque, tranchant le fil des plus beaux jours,
Des progrès de Batiste eut arrêté le cours,
Colasse, encor frappé de sa perte funeste,
D'Achille (1) commencé sut achever le reste,

(1) *Il étoit commencé par Lully.*

Du malheureux Priam l'excessive douleur,
N'y parut point l'effet d'un téméraire auteur.
Énée et Céladon, par leur chûte subite,
Obscurcirent l'éclat de ce naissant mérite :
Mais Thétis assurant son art et son savoir,
Du théâtre alarmé fit revivre l'espoir ;
Et les traits éclatans que l'on y vit paroître,
Égalèrent l'élève à son illustre maître.
Vertumne déployant de pathétiques sons,
Soutint encore son nom dans les quatre saisons.
Sa fortune depuis tombée en décadence,
Sembla sur son génie attirer l'indigence,
Et l'auteur de Thétis ne se reconnut plus,
Dans Canente, Jason, Polyxène et Vénus.
Élevé tout-à-coup par l'Europe galante,
Du public empressé Campra combla l'attente :
De peuples différens l'assemblage nouveau,
Y brilla des couleurs d'un fidèle pinceau.
Vénus dans Hésione étala mille charmes ;
Dans Tancrède l'Amour fit répandre des larmes :
Le travail éclatant d'un chœur harmonieux,
Fut dans son Carnaval (1) un œuvre précieux.
D'un poëte enjoué secondant l'entreprise,
Il hasarda des jeux empruntés de Venise (2) ;
Et, sans qu'à son savoir il en coûtât d'effort,
Ne dut qu'au sujet seul un favorable sort.
Ses autres opéra, foibles fruits de sa muse,
Tels qu'Alcée, aux enfers suivirent Aréthuse (3).

(1) *Le carnaval de Venise.*
(2) *Les fêtes vénitiennes.*
(3) *Opéra de Campra.*

Des Marais, inspiré dès ses plus jeunes ans,
Donna quelques essais de ses nouveaux talens.
L'aveu (1) trop indiscret d'un travail infertile,
Le perdant à la cour, l'attira dans la ville,
Didon, Iphigénie et le tendre Adonis,
Fixoient déjà pour lui tous les vœux réunis,
Lorsque, pour l'arracher à l'horrible tempête,
D'un arrêt foudroyant qui menaçoit sa tête,
L'amour qui dans le crime avoit guidé ses pas,
Prit soin de le porter en de lointains climats (2).

Marais, de qui la main toujours égale et sûre (3),
Fut des vrais mouvemens la plus juste mesure,
Sur la scène trois fois, malgré ses envieux,
Mérita des savans l'aveu judicieux.
De son charme infernal la sombre simphonie,
Répandit dans Alcide une riche harmonie.
D'Alcione troublant l'hymen et le repos,
Sous les pas de Colasse il souleva les flots,
Les sens furent émus du bruit de sa tempête,
Enfin dans Sémélé, sa quatrième fête,
Les ballets, la Chaconne et les magiques jeux,
D'un travail obstiné furent les fruits heureux.

A peine instruit dans l'art de chiffrer une basse,
Destouches sut percer une route au Parnasse;
Et secouru des soins et du savoir d'autrui,
S'attira de la Cour le favorable appui.
D'un chant passionné l'expression fidèle
Anima ses récits d'une force nouvelle.

(1) *Il avoua au Roi qu'il faisoit les motets d'un maître de la chapelle.*
(2) *Il est en fuite.*
(3) *Il battoit la mesure à l'opéra.*

Les accens de Dodone, Issé dans le sommeil,
D'un spectacle touchant offrirent l'appareil.
Marthésie, Amadis, Omphale, la Folie,
Laissèrent entrevoir quelque heureuse saillie,
Et firent désirer que cet auteur nouveau,
Des Muses eût sucé le lait dès le berceau.
 En vain d'autres auteurs sur la scène tragique
Hasardèrent l'essai de leur veine harmonique :
Leurs opéras bientôt et leurs noms détestés,
Dans le gouffre d'oubli furent précipités.
C'est ainsi qu'éprouvant le triste sort d'Icare,
Tombèrent et B... et I. G... et I. B..,
T... R... et même Charpentier,
Qui, du temple sacré profanant le sentier,
Répandit dans Médée, avec trop d'abondance,
Les charmes déplacés d'une haute science.
De tant d'ouvrages vains, le trop fréquent débris,
Des premiers opéras sut rehausser le prix.
D'une commune voix Paris les redemande ;
A les suivre d'abord l'impatience est grande :
Mais quelque soit l'attrait dont ils charment les sens,
Ils traînent après eux le grand défaut des ans.
Depuis un demi-siècle ils amusent la France ;
On en est rebattu dès sa plus tendre enfance.
A quelle extrémité, ciel! sommes-nous réduits?
D'un art toujours nouveau, quels seront donc les fruits?
Nous verrons-nous bornés dans la soif qui nous presse,
A quelques opéras qu'on épuise sans cesse ?
Ainsi que Jupiter, du creux de ton cerveau,
Phébus enfante donc un Amphion nouveau,
Qui, moins soumis aux lois d'un style plagiaire,
Ouvre à notre musique un chemin moins vulgaire,

Et qui de l'Italie empruntant quelques feux,
De nos chants et des siens fasse un mélange heureux.
De la langue déjà pénétrant les mystères,
Batistin s'asservit à ses règles austères,
Et deux fois annonça quel doit être le fruit
D'un art ingénieux par deux muses conduit.
Ah ! cessez, dites-vous, c'est à tort qu'on nous vante
De vos ultramontains l'audace extravagante.
Leur goût sauvage et dur se peut-il supporter,
Et peut-on applaudir leur façon de chanter ?
Ces éclats bondissans, ces hoquets, ces passages,
Ont-ils droit d'usurper nos vœux et nos suffrages ?
De leur sage grandeur tous nos airs dégradés,
D'un déluge de sons seroient donc inondés ?
C'est ainsi, cher Damis, que tout Français raisonne ;
Enflé du faux pouvoir que son orgueil lui donne,
Il blame, il avilit avec témérité
Tout ce qui dans nos mœurs paroît inusité.
Tel et moins sage encor à vingt ans, un jeune homme,
D'un air présomptueux, se présente dans Rome ;
Et de la langue à peine entendant quelques mots,
Traite tous les Romains d'ignorans et de sots.
Ah ! quel maudit jargon, quelle étrange grimace !
Fût-il jamais un chant plus dénué de grâce ?
Dans quel détours affreux ose-t-il s'égarer ?
Au chant de nos Français se peut-il comparer ?
Pour vous, mon cher Damis, détestant ce caprice,
A l'italique goût rendez plus de justice :
Sans le connoître, au moins ne le condamnez pas,
Et souffrez qu'à vos yeux j'étale ses appas.

CHANT TROISIÈME.

Rome, dont l'Univers adora la puissance,
Fit régner dans son sein les arts et l'opulence.
Les Grecs industrieux, redoublant leur travaux,
Y portoient à l'envi des chefs-d'œuvre nouveaux;
Et les Romains, formés sur leurs savans modèles,
Devinrent, après eux, des Zeuxis, des Apelles.
Peintres, musiciens, architectes, sculpteurs,
Rhéteurs, grammairiens, poëtes, orateurs,
Par mille monumens, consacrant leur mémoire,
De Rome triomphante augmentèrent la gloire.
Ce fut le temps heureux où les arts libéraux,
En foule répandus en différens canaux,
De leurs brillans trésors enrichirent le monde,
Et Rome en fut alors une source féconde.
Mais les Romains, déchus de leur haute splendeur,
Perdirent les beaux-arts en perdant leur valeur :
Lâches, efféminés, livrés à la mollesse,
Ils subirent le joug d'une indigne foiblesse;
Et les vices, plus forts que leurs fiers ennemis,
Vengèrent l'Univers ou tremblant ou soumis.
Enfin, de leurs erreurs leurs âmes détrompées
D'un trait victorieux soudain furent frappées;
Et sensible à la grâce, instruite par la foi,
De l'unique et vrai Dieu, Rome suivit la loi.

Son antique grandeur à l'Immortel soumise,
Servit de fondement au trône de l'Église.
Les autels, que l'erreur élevoit aux faux dieux,
Fumèrent, pour lui seul, d'un encens précieux.
Les temples résonnoient du bruit de ses louanges;
Les fidèles Chrétiens, à l'exemple des anges,
Par des cantiques saints exhalant leur ferveur,
Consacroient et leur temps et leur voix au Seigneur.
Leurs chants à l'unisson, formés sans mélodie,
N'étoient, aux premiers temps, que simple psalmodie.
Différens instrumens, admis dans les saints-lieux,
Ouvrirent une route aux chants harmonieux;
Et le zèle pieux, vainqueur de l'ignorance,
De la musique enfin recouvra la science.
Heureux, si ce grand art, longtemps enseveli,
A l'honneur de Dieu seul eût été rétabli.
Mais le vice, bientôt, affoiblissant le zèle,
Il devint l'instrument d'une ardeur criminelle;
On fit l'amour en chant, et son secret poison
Par des sons doucereux séduisit la raison.
On eut dit que ce Mont (1), qui vomit tant de flammes,
Des peuples d'alentour eut embrâsé les âmes.
L'empire de l'amour s'accrut de jour en jour :
La musique suivit les progrès de l'amour.

 L'italie est son centre, et le goût s'en inspire
Avec l'air enflammé qu'en naissant on respire.
En chantres renommés ce climat est fécond;
Chaque bourg, chaque ville, en produit de son fond,
Les Princes, chérissant la science harmonique,
En forment à leur tour un corps académique;

(1) *Le Mont Vésuve.*

Par le charme des sons les peuples sont séduits,
Et cet attrait puissant souvent les a réduits
A souffrir, sans horreur, qu'un effort plein de rage
De leur humanité leur arrachât le gage.
L'air retentit, au loin, d'harmonie et de chant :
Tout flatte, tout anime un si noble penchant.
Dans un coin fortuné, l'onde qui les resserre,
Semble les garantir des fureurs de la guerre ;
D'un soleil pénétrant la vive impression
Les embrâse d'un feu prompt à la fiction ;
Et leur langue légère, amoureuse et badine,
Autorise le jeu que l'esprit imagine.
Sous le masque tragique, un superbe opéra,
Pour la première fois, dans Rome se montra.
Par son art séduisant, l'ingénieuse optique
Y seconde, à l'envi, la docte mécanique.
Les changemens, les vols, vivement inventés,
Par des ressorts hardis y sont exécutés.
Aux accens d'une voix fièrement déployée,
L'âme se sent frémir, l'oreille est foudroyée.
D'un théâtre profond remplissant la grandeur,
Ses sons vifs et perçans vont ébranler le cœur.
Tantôt c'est une voix flexible et naturelle,
Qui fait briller d'un chant la justesse fidèle,
Ou, par le trait nouveau d'un passage léger,
Avec force s'élance et voltige dans l'air ;
Tantôt c'est une voix diffuse, sans mesure,
Qui, formée aux dépens de la propre nature,
Tire de l'impuissance un vigoureux éclat,
Et forme une vertu d'un coupable attentat.

Prodiguant de son sein l'inépuisable haleine,
Cet acteur mutilé pousse des sons sans peine,
Redouble une cadence et la bat à grands coups,
Y mêle, tour-à-tour, et le fort et le doux,
Et ne finit, enfin, une longue tenue,
Que par des sons aigus qui vont percer la nue.
Paré d'attraits nouveaux, chaque air différemment,
Sur des tons imprévus modulés savamment,
Dans son expression affecte un caractère,
Un dessein en devient l'ornement nécessaire :
Par tous les instrumens ce dessein imité,
Du dessus, dont il naît, relève la beauté.
La basse, quelquefois, par une ritournelle,
De la voix qu'elle suit se rend l'écho fidèle,
Ou, sur le même mode où le chant est rangé,
Roule dans l'harmonie un dessein obligé. (1)
Dans les sons recherchés d'un style cromatique,
S'il s'agit de traiter un sujet pathétique,
Mille accords dissonans, par leur proximité,
Réveillent, dans le cœur, la sensibilité ;
La modulation, sur des cordes savantes,
Rend les expressions et vives et touchantes.
Quelle richesse, enfin, et quels déguisemens
Ne prêtent point aux airs les divers mouvemens !
Chaque jour l'Italie, en ses modes constante,
Fait gloire, en cet art seul, de paroître changeante.
Du sein ingénieux de sa fécondité,
Il s'élève sans cesse un air de nouveauté.
Heureuse si toujours à sa riche harmonie,
Du théâtre françois la grâce étoit unie.

(1) *Terme de l'art*, basse obligée.

Mais du style, il est vrai, la sage pureté,
N'y rend point un sujet dans son ordre traité.
Les règles de la scène, au caprice immolées,
Par des traits monstrueux s'y trouvent violées.
Jamais, du spectateur fixant l'attention,
Un dialogue vif n'expose l'action.
Le spectacle désert n'y montre qu'un beau vide :
On n'y voit point briller, dans un ordre splendide,
Cette suite d'acteurs, vêtus superbement,
Qui forment, parmi nous, un divertissement.
Peu dociles aux lois du bel art de la danse,
Chez eux, jamais ballet n'a sa juste cadence ;
Et, de leurs violons, les divers mouvemens
Ne servent à leurs airs que d'accompagnemens.

Dépouillant l'opéra d'une langueur stérile ;
Scarlatti, le premier, en releva le style.
Par une route neuve, il s'élève, il surprend ;
Souvent il atteignit le sublime et le grand.
Aux bords Napolitains, la juste renommée
Soutint de Mancini la vertu confirmée.
Par les tours déguisés d'un style plus nerveux,
Bononcini, de loin, les devança tous deux ;
Ses basses et ses chants de mille grâces brillent ;
De sons étincelans ses violons pétillent.
Albinoni, guidé par l'unique plaisir, (1)
A Venise répand les fruits d'un doux loisir.
Sous leur main, chaque jour, naît quelque fleur nouvelle :
Tantôt se signalant dans le goût de Chapelle,
De deux desseins heureux sages distributeurs,
Ils portent, dans le temple, un motet à deux chœurs :

(1) *Il n'est pas musicien de profession.*

Tantôt, dans les langueurs d'une tendre cantate,
Leur art se fait sentir et leur génie éclate :
L'amant, sur un rocher ou près d'un doux ruisseau,
S'y vient plaindre, aux échos, d'un supplice nouveau.
Quelques auteurs naissans suivent leur docte trace ;
D'autres s'arment, envain, d'une insolente audace.
Orgueilleuse Ausonie, il le faut déclarer
A la honte de ceux que l'on doit révérer,
Mille insectes maudits, dont tes villes abondent,
De leurs sons venimeux de toutes parts t'inondent.
Par un nombre d'auteurs, de nos jours redoublé,
Je vois sous leurs fureurs ton pays accablé :
Mais, fuyez, loin de nous, monstres de l'Italie,
Qui bravez la raison, qu'aucun devoir ne lie ;
Qui, sans ordre, suivant d'extravagans transports,
D'une dure harmonie étalez les accords,
Dont toujours le génie, et confus et barbare,
En dépit du bon sens enfante un chant bizarre,
Ou qui, vous ravalant dans un style plus bas,
D'un fade badinage offrez les faux appas.
Les Français, rebutés de tant de vains ouvrages,
Aux italiques chants refusent leurs suffrages ;
Et sur un rebut d'airs, dans Paris mal chantés,
Jugent impunément de toutes ses beautés.
Mais, est-ce par des airs que dans Rome on abhorre,
Qu'on doit se prévenir sur un goût qu'on ignore?
  Le droit de la naissance et l'éducation,
Du chant forme dans nous certaine impression,
Dont, sans peine, l'esprit ne peut prendre le change.
La nouveauté le blesse et lui paroît étrange :

On hait l'italien, et, par d'égales lois,
L'italien déteste un opéra françois.
Chacun, de son côté, s'abaisse, se méprise,
L'un se moque à Paris, et l'autre dans Venise.
Mais bientôt, par le temps, le goût accoutumé,
De sa prévention ne paroît plus armé,
Et d'un art étranger l'exacte connoissance,
Détruit les préjugés qu'inspira la naissance.
De la sonate, ainsi, reconnoissant le prix,
Par un docte progrès, en France, on fut épris.
Déjà, par ce chemin, l'orgueilleuse Italie
A versé sur nos sens son aimable folie.
Corelli, par ses sons, enleva tous les cœurs.
(1) Des deux Muses Michel allia les douceurs.
De Pez, de Marini, les sublimes ouvrages,
De nos savans, en foule, obtinrent les suffrages.
Cinq fois Albinoni fit retentir les airs
Du bruit mélodieux de ses brillans concerts.
De tous les amateurs de musique nouvelle,
Tant de riches trésors font l'étude fidèle,
Et la source féconde où nos naissans auteurs
Puisent d'un beau savoir les grâces et les fleurs.
Mais c'est assez vanter la célèbre victoire
Où les Français vaincus acquirent tant de gloire.
Voyons, dans le progrès de notre chant nouveau,
Quels furent les doux fruits d'un triomphe si beau.

(1) *Muses françaises et italienne.*

CHANT QUATRIÈME.

La Musique est un art qui, tel que la Peinture,
Retraçant à nos sens le vrai de la nature,
Doit surprendre, émouvoir, et, par de doux ressorts,
De l'esprit et du cœur exciter les transports :
Elle renferme, en soi, différentes parties,
Qui, par un juste accord, l'une à l'autre assorties,
Doivent faire un ensemble et composer un tout
Où règnent, à-la-fois, la science et le goût.
La sage expression, le beau chant, l'harmonie,
Les fugues, les desseins nés d'un fécond génie,
Les doctes contrepoints, les imitations,
Les changemens divers de modulations,
L'enchaînemnt des tons, la suite des cadences,
L'arrangement heureux des riches dissonances,
L'inépuisable jeu de mille mouvemens,
Sont de cet art divin les brillans ornemens,
Qui, placés avec soin sous des règles sévères,
Deviennent, pour charmer, des beautés nécessaires.
Mais, comme d'un tableau l'éclatant coloris
N'en doit pas faire seul la richesse et le prix ;
Qu'il faut que du dessein la sage exactitude
Donne à chaque figure une vraie attitude ;
Qu'un sujet embelli de nobles fictions,
Frappe l'œil et le cœur par ses expressions,

Et réunisse en lui la force et la parure,
Que doit aux yeux savans étaler la peinture ;
Ainsi, divers attraits, que l'art sait accorder,
Dans l'œuvre harmonieux doivent se succéder.
Le beau chant doit toujours en être inséparable :
L'école la plus forte est sans lui détestable.
Mais suffira-t-il seul ? Non. Un air paroît nud,
Quand de quelque dessein il n'est pas soutenu,
Le temps de la mesure, ou tardive ou légère,
En doit différemment peindre le caractere,
La basse, avec la voix, formant de doux combats,
Par imitation peut marcher sur ses pas ;
Telle qu'un flot roulant son onde continue,
Elle peut du dessus contracter la tenue,
Et, par un jeu fécond du sujet emprunté,
Donner à tous les airs des traits de nouveauté.

La musique française a l'heureux avantage
De n'enfanter jamais un son dur ou sauvage ;
La douceur et la grâce accompagnent ses chants ;
Ils sont tendres, flatteurs, expressifs et touchans.
Les puissantes beautés, sur l'harmonique scène,
D'un opéra romain triompheroit sans peine,
Si les airs plus nouveaux, plus caractérisés,
Offroient plus de desseins et des chants moins usés.
Les grâces de l'ensemble y sont mieux départies ;
L'un est beau dans son tout, l'autre dans ses parties.
Notre musique, enfin, toute simple qu'elle est,
Devient riche au théâtre, et sa sagesse y plaît.
Mais sitôt qu'à nos yeux, d'action dépourvue,
Elle s'offre de près, elle devient si nue,

Que, dès que de la scène elle a perdu le fard,
On n'y reconnoît plus les richesses de l'art.
D'un sentier trop battu détourner la cadence,
C'est faire à notre oreille une coupable offense.
Sur deux (1) cordes du ton régnant obstinément,
La scène n'admet point d'autre déguisement.
Entre les mouvemens la ressemblance est grande :
Tout air est menuet, gavotte ou sarabande.

   Quiconque donc, touché du pouvoir des accords,
Veut de cet art fécond épuiser les trésors,
Trouve, dans l'opéra, d'inévitables vides.
Pour contenter l'ardeur de ses désirs avides,
Il faut qu'un art plus fort, qui se ressemble moins,
Nourisse son étude et réveille ses soins.

   Cette pressante ardeur que l'exemple (2) fit naître,
Forma le goût savant que Paris voit s'accroître.
Nos chants trop amollis d'une fade langueur,
D'un caractere fort y prennent la vigueur.
Il semble que, par lui, tout l'art de l'Italie
Au nôtre s'accommode et se réconcilie.
D'un pieux amateur (3) le zèle curieux,
Dans la France attira des motets précieux,
Qui, traçant à nos chants une route nouvelle,
A nos auteurs naissans servirent de modèle.
D'ouvrages renommés il forma son concert ;
De tous les connoisseurs il fut l'asile ouvert.
Les exécutions, vives et difficiles,

---

(1) *La tierce et la quinte.*
(2) *De la musique italienne.*
(3) *Le curé de St.-André-des-Arts.*

Firent dans l'art du chant des élèves habiles;
Et le latin, offrant plus de fécondité,
Dans un tour tout nouveau savamment fut traité.

  Charpentier, revêtu d'une sage richesse,
Des cromatiques sons fit sentir la finesse;
Dans la belle harmonie il s'ouvrit un chemin;
Neuvièmes et tritons brillèrent sous sa main.
De sons diminués, Brossard formant ses basses,
Fit luire, en ses desseins, de pétillantes grâces.
Lallouette, ennemi des italiques loix,
Asservi malgré lui, s'y soumit quelquefois.

  (1) Lalande, triomphant d'un préjugé rebelle,
A la Cour attira cette façon nouvelle:
Ses violons brillans, enchassés dans ses airs,
Font éclore à propos mille desseins légers.
Le caractère vrai, règne dans son ouvrage;
Chez lui chaque verset rend une vive image:
Il s'exprime avec force, et ses chants gracieux
Jettent autant d'éclat qu'ils sont harmonieux:
Trop heureux si, suivant sa verve toute entière,
A son vaste génie il eût donné carrière:
Mais ces riches talens, par égard retenus,
Enfantant des beautés, en cachent encor plus.

  Campra, chargé d'accords moissonnés à Toulouse,
Alarma dans Paris une brigue jalouse,
Qui, par de vains efforts, osa lui disputer
Une place qu'il sut de plein vol emporter. (2)

---

(1) *Surintendant de la maison du Roi.*

(2) *Le maître de musique de Notre-Dame.*

De ses premiers motets le début favorable,
A ses rivaux déjà le rendoit redoutable,
(1) Si son zèle pieux, follement ralenti,
Par un retour honteux ne se fût démenti.
De Bernier, chaque jour, la vertu sans égale,
Par des accueils divers dans Paris se signale ;
Il en fait le plaisir, l'amour et les attraits ;
L'on s'arrache à l'envi le moindre de ses traits.
Rome révère en lui l'ornement de la France ;
La France admire en lui l'italique science.
Sous sa main, ces deux goûts semblent se réunir,
Et par lui la querelle est prête de finir.
Jamais son harmonie, ou trop dure ou trop lâche,
Par mille libertés du vrai ne se relâche.
Un motet à deux chœurs, funèbre et solennel, (2)
De son profond savoir est le gage immortel.

   C'est en vain qu'à tromper, long-temps accoutumée,
Par tes bruyantes voix, injuste renommée,
En faveur de Lully, prévenant les esprits,
D'un semblable motet (3) tu nous vantes le prix.
Sur les autres auteurs signalant sa victoire,
Au théâtre, à ton gré, vas célébrer sa gloire ;
Mais ne l'élève pas, dans un ouvrage saint,
Au rang où dans ce temps les auteurs ont atteint.
Plus féconde, aujourd'hui, la musique latine,
D'un art laborieux étale la doctrine

(1) *En quittant Notre-Dame.*

(2) *Le* De profundis *chanté aux Feuillans.*

(3) *Le* De profundis *de Lully.*

Dont on voit chaque jour s'accroître les progrès.
A l'Italie encore attaché de plus près,
Morin en imita la brillante manière,
Des mouvemens nouveaux il franchit la barrière.
Dans la France deux fois ses motets applaudis,
Rendirent son génie et ses vœux plus hardis;
Prenant du chant français la route plus ingrate,
Il osa le premier exposer la cantate.
A ce nouvel aspect tout Paris révolté,
Sembla frémir d'abord de sa témérité.
Cependant, revenu d'une frayeur extrême,
Le public, mieux instruit, se vit forcé lui-même
D'admirer, dans le cours d'un sujet détaché, (1)
Le travail élégant d'un art plus recherché.
Notre langue, il est vrai, plus dure et moins lyrique,
N'a que de certains mots propres à la musique.
Une seule syllabe, en s'offrant de travers,
Renverse d'un dessein les mouvemens légers,
De nos mots féminins les bizarres entraves,
Y gênent les auteurs de la raison esclaves;
Mais lorsqu'à les placer l'art se rend scrupuleux,
Les passages, la fugue, et les desseins heureux,
Peuvent dans la cantate entrer avec adresse,
Et donner à ses airs une noble richesse.
Baptistin à la grâce alliant le savoir,
D'un facile génie y montre le pouvoir,
Et se formant un style harmonieux et tendre,
Dans notre goût français avec art sut descendre.
Bernier du premier trait de sa savante main,
Éleva ses transports au vrai style romain.

(1) *La cantate.*

Par de lugubres sons, Clérambault aux lieux sombres,
Attendrit savamment le souverain des ombres, (1)
Tout autre dans Paris n'eut qu'un foible succès ;
D'un délire fougueux suivant le fol accès,
En vain quelques auteurs à l'envi s'animèrent ;
Sur la cantate en vain leurs plumes s'escrimèrent ;
Chez eux elle ne fut, dans ses sauvages traits,
Qu'un mélange forcé de deux goûts imparfaits.
Tel est de nos Français le défaut ordinaire ;
L'un suit d'un style bas la route plagiaire,
L'autre, tumultueux, à force de fracas,
De la fausse Italie emprunte les appas.
Est-ce dans le cahos d'un dessein difficile,
Que l'on séduit les sens et qu'on se montre habile ?
Sans l'extrême fureur où s'emportent les doigts,
La musique souvent perd ses plus riches droits.

  Si la confusion régna dans les cantates,
Où ne fut point porté le trouble des sonates ?
L'excès impétueux de leur vivacité,
N'eut que le prix trompeur de la difficulté,
Et des ultramontains frondant le goût barbare,
Le Français s'y montra lui-même plus bizarre.
Tout lui cède, il est vrai, dans l'art d'exécuter ;
Au torrent de sa main rien n'ose résister ;
Les accords qui jadis le mirent à la gêne,
Sous ses doigts foudroyans semblent naître sans peine.
Deux émules fameux que l'éclat de la Cour, (2)
D'un zèle ambitieux anime tour à tour,

(1) *Dans Orphée.*
(2) *Couprin et Marchand*, *organistes du Roi.*

A l'envi suspendant une égale balance,
Y versent à longs traits leur profonde science.
D'un instrument pareil usant différemment,
Marais et Forqueroy dans l'accompagnement,
Excités par l'espoir d'un jaloux avantage,
De Paris incertain disputent le suffrage.
De sons harmonieux leurs élèves nourris,
Aux accords les plus fiers se rendent aguerris;
Et sur des nouveautés exerçant leur audace,
Par l'exécution s'élèvent au Parnasse.
Tels sont donc, cher Damis, les doctes ouvriers,
Qui du sacré vallon partagent les lauriers,
Et telle est la moisson que produisit en France,
Des italiques sons, la première semence.
Que tardes-tu, Phébus ? viens réunir deux sœurs; (1)
Répands également sur elles tes faveurs.
Coupe à leurs vains débats une source importune;
Dans de savans motets, qu'une langue commune,
Sous les lois du bons sens et de l'expression,
Excite chaque jour leur émulation ;
Que chacune s'offrant le tribut de l'estime,
Ne se refuse plus un encens légitime.
La musique n'est qu'une, et ses mêmes accords,
Partout doivent former de semblables transports.

(1) *Muses française et italienne.*

L'ART

DE TRAVAILLER AUX JOURNAUX,

ÉPITRE

A UN JEUNE PROVINCIAL QUI VEUT DEVENIR JOURNALISTE,

Par l'ex-Révérend Père Ignace DE CASTELVADRA,

Petit Neveu du Révérend Père Brumoi.

Militat omnis auctor, habet sua castra Apollo.

PRÉFACE DE L'ÉPITRE

À UN JEUNE PROVINCIAL QUI VEUT DEVENIR JOURNALISTE.

Dans sa séance publique du 9 avril 1812, la classe de la langue et de la littérature françaises de l'Institut de France, a proposé pour le prix d'éloquence un discours sur les avantages et les inconvéniens de la critique littéraire. Ce sujet est à l'ordre du jour, et par conséquent il est très-heureux : Messieurs les journalistes d'aujourd'hui, sont de petits despotes, très-estimables sans doute, mais qui, par leur conduite, prouvent bien plus les inconvéniens que les avantages de la critique. En ma qualité d'ex-Jésuite, je dois être doux et poli envers tout le monde; en conséquence j'ai adressé à un jeune Provincial de mes parens qui veut devenir journaliste, une épître remplie de bénignité, dans laquelle je lui enseigne, avec beaucoup de simplesse, l'art de travailler aux journaux.

Cette innocente épître pourra être utile aux jeunes littérateurs qui voudront concourir pour le prix proposé par la seconde classe de l'Institut : c'est dans cette intention que je l'ai faite; car dans mes moindres ouvrages, je me propose toujours un but moral.

Je me rappelle moi, vieux enfant d'Ignace, que les pieux journalistes de Trévoux; que les abbés Desfontaines, Granet, de Fontenay et le révérend père Berthier, et principalement les célèbres auteurs du journal dit *Ecclésiastique*. M. l'abbé Poncelin, M. l'abbé de la Porte, tous Jésuites ou élèves des Jésuites, étoient extrêmement honnêtes et éclairés; et j'ai voulu, dans cet opuscule, prouver, non pas que j'étois éclairé, mais honnête; j'ai voulu, en un mot, venger la majesté des lettres offensée par les journalistes d'aujourd'hui.

Je me moque insolemment, dans mon épître, de presque toutes les lettres de l'alphabet dont se servent ces Messieurs pour nous cacher les traits qu'ils nous lancent. Cette épître donnera lieu à beaucoup d'allusions; mais comme je ne connois aucun de ces Messieurs, ni l'équation d'aucun des signes alphabétiques dont ils se servent, je proteste d'avance, et hautement, contre toutes celles qu'on pourroit faire; je suis un pauvre ex-Jésuite qui vis retiré au séminaire de Saint-Magloire, et qui ne sais rien de ce qui se passe dans le monde.

J'aurois pu, comme un autre, concourir pour le prix de l'Institut; mais l'Institut a demandé un ouvrage en prose, et mon épître est en si mauvais vers ou en vers si mauvais, que peu de ses membres m'auroient fait l'honneur de me comprendre; c'est un logogriphe que je leur donne à deviner dans le prochain *Mercure*.

L'ART
DE TRAVAILLER AUX JOURNAUX,

ÉPITRE

A UN JEUNE PROVINCIAL QUI VEUT DEVENIR JOURNALISTE.

Vous qui de la Province arrivant à Paris,
Et qui vous faufilant avec les beaux esprits,
Voulez, comme eux, du Pinde illustrer la carrière,
Ecoutez mes leçons : la trompette guerrière
Suit au loin les drapeaux du rival des Césars;
La tranquillité règne au sein de nos remparts,
Et je veux, profitant des fruits de la Victoire,
Vous ouvrir les chemins du temple de mémoire.

   Vous avez lu Virgile, Ovide et Cicéron,
Vous avez, parcourant le père Nicéron (1),
Retenu des auteurs les hauts faits et les gestes.
Vos moyens sont connus, vos droits sont manifestes,
Et du goût en vos mains vous tenez le flambeau;
Mais suffit-il d'Ovide ? il faut aimer Boileau.
Pour percer les auteurs d'une flèche assassine,
Il faut, il faut surtout idolâtrer Racine :
Hors d'eux point de salut, point de talent vainqueur;
Or, Racine et Boileau, vous les savez par cœur.
Il vous importe peu que l'immortel Corneille
Du Théâtre Français soit la grande merveille (2).

Corneille est empoulé : ses héros plus qu'humains
Rappellent, il est vrai, les antiques Romains ;
Mais son style, chargé d'épithètes bizarres,
Par le goût rejeté ne plaît qu'à des barbares.
L'hôtel de Rambouillet le siffla justement (3).

Dans Racine, le goût s'unit au sentiment.
Qu'il peigne Xipharès ou qu'il peigne Hypolite (4),
Par le goût le plus pur sa palette est conduite.
Tous ses nombreux rivaux, il les a surpassés :
La Harpe vous l'a dit, et pour vous c'est assez (5).
Que La Harpe et le goût soient toujours vos oracles.
Sans La Harpe et le goût, feroit-on des miracles ?
Sans eux, sur l'Hélicon, peut-on rester debout ?
Criez à tout venant : le goût ! vive le goût !
Le génie, a-t-on dit, s'élançant dans les nues,
Peut s'ouvrir quelquefois des routes inconnues.
N'allez point, par son vol, vous laisser abuser ;
Je vous enseigne l'art de le pulvériser.
Appelez *insensés* tous ces mortels célèbres
Qui veulent du cahos dissiper les ténèbres ;
Que leurs nobles élans soient par vous comprimés :
Dites qu'Homère dort, quand c'est vous qui dormez.

Pour être un des régens de la littérature,
Que vos vers sans orgueil insérés au Mercure,
Annoncent *dès l'abord* votre jeune talent.
D'un modeste début naît un succès brillant.
N'allez point commencer par une ode ampoulée,
Qui, malgré votre goût, pourroit être sifflée.
Qu'un innocent quatrain, terre à terre marchant,
Annonce à l'univers votre honnête penchant ;

Et, sans prendre jamais le ton d'un pédagogue,
De l'humble madrigal jetez-vous dans l'églogue,
Genre que n'aiment point les censeurs vétilleux.
Donnez à vos bergers des discours mielleux,
Et, dans votre grenier, assis sur une gerbe,
Peignez de la moisson le spectacle superbe.
 Le genre de la fable a pour vous des attraits.
Votre chien, votre chat fixent vos yeux distraits ;
Et la jeune souris qui n'a point de pareille,
Qui, sur votre grabat, vient vous pincer l'oreille,
Ne feroit-elle, en vous, naître que du mépris ?
Faites parler le chien, le chat et la souris.
Fabulisez, contez ; au bout de la huitaine (6),
Que le Mercure annonce un nouveau La Fontaine.
Si vous pouvez encor, sur un de nos tréteaux,
De vos productions charger les écriteaux,
Soyez sûr que du bruit de votre renommée,
L'Académie en corps se montrera charmée,
Et qu'on dira tout haut : ce jeune homme a du goût ;
Auteur d'un mélodrame, il doit entrer partout.
 Entrez donc dans le monde et faites-vous connoître :
Esclave intéressé, cherchez un riche maître.
Dînez chez un Ministre, élève d'Apollon,
Voyez surtout le chef de la division,
Et faites-vous prôner, auprès de sa hautesse,
Par la jeune Baronne ou l'aimable Comtesse.
Ignorez-vous encore, arrivant de Bordeaux,
Qu'on fait tout à Paris par les chefs de bureaux,
Et que, pour obtenir des places subalternes,
L'homme sage au soleil préfère les lanternes ?

Vous avez fait des vers, mais avez-vous tout dit?
Allez voir Isménor, c'est un homme d'esprit
Qui navigue sur l'onde ainsi que sur la terre ;
En prose ainsi qu'en vers, c'est un second Voltaire.
Dites-lui : que je plains l'état où je vous vois.
Vous recevez au moins mille lettres par mois,
Et je viens sur ce point vous offrir mes services.
Dans l'art de répliquer, vos commis sont novices.
Employez-moi, Monsieur, et vous serez content.
Isménor, à ces mots, prendra l'air important,
Et vous dira : Monsieur, vous êtes fort honnête,
Mais je vous remercie, et, dieu merci, ma tête
Est forte encore assez pour répondre à chacun.
Saluez-le en disant, de peur d'être importun,
Je vais me retirer. Cependant on publie
Que Messieurs les quarante, à leur Académie,
Veulent vous aggréger, et les momens sont courts.
Laissez-moi, s'il vous plaît, faire votre discours.
Isménor s'adoucit (*). Avec l'air du sourire,
Il vous répond : ma foi, je ne sais trop que dire
Sur mon prédécesseur ; j'ignore sa vertu,
Et trop grave est le cas pour faire un impromptu.
L'homme que je remplace avoit peu de lumière ;
Il lui faut cependant l'indulgence plenière :
Il pensa rarement, n'écrivit jamais rien ;
Enfin, c'étoit un digne académicien.
Tirez-moi d'embarras en faisant son éloge,
Tandis qu'à l'Opéra, de ma petite loge,

(*) Quelques personnes prétendent que par *Isménor* on a voulu désigner *Esménard* : c'est une énigme que l'on donne à deviner dans *le Mercure* prochain.

J'applaudirai Bertin, je sifflerai Lays;
Et jetant le mouchoir à la jeune Thaïs,
J'irai nonchalamment auprès de cette belle
Lui jurer pour une heure une ardeur éternelle.
J'avois en vérité besoin de vos secours.

Vous sortez enchanté, vous faites le discours;
Il est froid, ennuyeux, mais très-académique;
Il ravit Isménor qui rarement se pique
De dire à ses lecteurs l'auguste vérité,
Et de lui, sur ce point, vous avez hérité.

Isménor, dans vos yeux, a le talent de lire,
Vous voulez travailler au journal du Vampire,
Isménor vous y lance; il en est directeur,
Et vous serez bientôt son collaborateur.

Il vous dit, plein encor de sa reconnoissance;
Pardonnez, je vous prie, à mon peu de puissance,
Je ne suis pas le maître, et vous n'aurez par mois,
Pour me louer, d'abord, que cent écus tournois;
Mais lorsqu'il s'agira de critiquer les autres,
Ceux qui ne sont pas moi, tout ainsi que les nôtres,
Vous aurez cent louis et plus; car, entre nous,
D'enrichir son disciple un bon maître est jaloux.
Allez au comité qui prudemment se cache,
Parler à Monsieur A, Monsieur O, Monsieur H,
Allez-y de ma part, mais sans être aperçu.
Voici votre diplôme, il sera bien reçu.
A ces mots, vous quittez le directeur illustre
Qui n'a de plus que vous que la moitié d'un lustre;
Et muni d'un pouvoir auguste, illimité,
Vous courez vous offrir au grave comité.

Vous le cherchez long-temps ; un portier fait de sorte
Que vous y pénétrez par la petite porte.
Monsieur A le préside ; et malgré le respect
Que vous lui témoignez, il tremble à votre aspect ;
Monsieur le Président n'aime pas les visites.

Pour calmer sa frayeur, aussitôt vous lui dites :
Je viens ici, Messieurs, de la part d'Isménor,
Qui me permet chez vous de prendre un noble essor,
Et voici mon diplôme orné de son paraphe,
Lequel vous prouvera que je sais l'ortographe.
Mais que dis-je ? oublions tout le peu que je sais :
Je sais l'hébreu, le grec et même le français :
Mon érudition pourra vous être utile ;
Des modernes auteurs j'attaquerai le style,
Et je démontrerai dans mon premier écrit,
Que nul, excepté vous, ne peut avoir d'esprit.

On s'écrie aussitôt des deux coins de l'étable :
Il sait parler français ! quel homme incomparable !
Monsieur H se lève et vous serre la main,
Honneur qu'il ne fait pas à tout le genre humain ;
Car Monsieur H est froid autant que ses ouvrages.

Vous recueillez bientôt de plus nombreux suffrages.
Monsieur B qui bégaye et boîte en même-temps,
Veut, à vous caresser, employer ses instans ;
Il s'approche, disant : soyez de la famille,
Vous embrasse et soudain tombe sur sa béquille.
Le grave Monsieur O n'attend pas le moment
Pour vous braire, à son tour, son grave compliment ;
Et le lourd Monsieur C, qui, dans l'angle rumine,
Dit à part et tout bas, vous jugeant sur la mine,

Cet homme assurément nous éclipsera tous ;
Puisqu'il sait l'ortographe, il en sait plus que nous.
Isménor nous a fait le dón le plus maussade.
  Le président aussi vous donne l'embrassade.
Et puis se rasseyant avec l'air magistral,
Il vous dit : savez-vous ce que c'est qu'un journal ?
Un journal, quel qu'il soit, est l'œuvre du génie ;
C'est en vain qu'on nous berne et qu'on nous calomnie.
Vous savez l'ortographe et le français : fort bien,
L'hébreu, le grec à fond ; mais tout cela n'est rien ;
Il faut tout ignorer, mentir avec adresse,
Voguer sans gouvernail sur les flots du Permesse ;
Il faut trouver mauvais tout ce qu'on trouve bon,
Bon tout ce qui déplaît, et surpasser Fréron.
  Il faut, surtout, il faut de la philosophie,
Faire un portrait hideux, la traiter de folie,
De crime, de forfait, et garder votre encens
Pour Messieurs les dévots, hommes toujours puissans.
Il faut s'appitoyer, afin que l'on s'abonne,
Sur le sacré collége et l'antique Sorbonne ;
Mais pour ce grand travail qui veut tant de vertus,
Beaucoup sont appelés et très-peu sont élus.
  J'ai lu des vers de vous dans le dernier Mercure ;
Ils m'ont paru mauvais. N'importe, la nature
Vous appelle au grand œuvre, et je vois dans vos yeux
Que vous serez un jour un auteur merveilleux.
Comme vous parlez grec, *y grec* je vous baptise ;
Car de signer nos noms, loin d'avoir la bétise,
Nous nous distribuons, tout ainsi qu'au Thibet, (7)
Les signes instructeurs du savant alphabet.

Quoique décolorés vos vers sentent la lime.
 Voici de Babilas un ouvrage sublime.
Babilas a plus d'âme et plus d'esprit que vous,
N'importe, Babilas doit tomber sous vos coups ;
Il faut lui démontrer, mais surtout sans le lire,
Que tous ses vers sont nés d'un burlesque délire,
Et qu'après avoir lu ce pauvre Babilas,
Comme à l'Agésilas, on doit crier hélas ! (8)
 Sans le lire! que dis-je? Où sont donc mes lumières?
Il faut lire d'abord la table des matières,
Même *l'avant-propos*, sans indiquer surtout,
Le libraire où se vend cet ouvrage sans goût;
Car *on doit* empêcher le public de connoître
Ceux que vous critiquez avec un ton de maître.
Il faut, pour réussir dans notre doux métier,
Être juge et partie, et surtout sans quartier,
C'est ainsi qu'on obtient l'universel suffrage.
 Pour une seule faute exterminez l'ouvrage;
Citez-la mot à mot, et laissez de côté
Ou la phrase ou le vers éclatant de beauté.
Disons mieux : soulignez une phrase correcte,
Et faites-la passer pour absurde ou suspecte,
Tout l'art du journaliste est l'art de souligner.
C'est là sur les badauds ce qui nous fait régner.
 Que si l'auteur fâché de la scélératesse,
Vous adresse un billet tout plein de politesse,
Pour prouver que l'erreur a guidé vos pinceaux,
Épouvantez votre homme au nom de Despréaux;
Dites que son écrit garde encor la boutique,
Pour n'avoir point suivi le grand art poétique,

Cet art par excellence où Voiture loué,
Se pavane aux dépens du Tasse baffoué,
Et qui des écoliers est le digne évangile ;
Tonnez au nom d'Horace ainsi que de Virgile.

Pour ridiculiser les écrivains absens,
Isolez donc la phrase et tordez-en le sens ;
Supprimez tous les mots qui précèdent qui suivent ;
Présentez-les enfin non pas comme ils arrivent,
Mais comme, selon nous, ils devroient arriver.

Monsieur O dans cet art est bon à cultiver ;
Oh ! comme avec esprit supprimant la virgule
Et parfois l'ajoutant, il tourne en ridicule
Le poëte sublime et l'exact prosateur !
Voilà ce qu'on appelle un brillant rédacteur !
Imitez Monsieur O, suivez toujours ses traces,
Vous serez mis au rang des Longins, des Horaces,
Et comme eux un beau jour, quoiqu'objet de rebut,
Vous serez proclamé membre de l'Institut.

Mais en parlant de vous, je fais un épisode
Un peu long, ce me semble, et qui n'est plus de mode.
Revenons aux conseils que j'allois vous donner.

Il est de beaux esprits qui savent pardonner,
Mais il en est aussi dont la noble franchise
S'indigne qu'au journal un faquin les méprise,
Et qui n'endurant pas un trait calomnieux,
Vont trouver, le matin, le scribe audacieux,
Du lit le font descendre, et sans art ni mesure,
Se veulent escrimer pour venger une injure :
Ce sont des gens grossiers, de jeunes étourneaux,
Du point d'honneur amis, ennemis des journaux,

Et qui pourroient un jour mettre l'Europe en cendre.

Si l'un d'eux, indigné, brave comme Alexandre,
Vient pour vous provoquer, soyez fier avec lui,
Et répondez : me battre avec vous aujourd'hui !
L'attaque est dangereuse, on sait que mon épée
Dans le sang des auteurs s'est mille fois trempée,
Et je serois, Monsieur, fâché de vous tuer.

Si pourtant avec vous il veut s'évertuer,
Remettez-le à vingt ans. . . et sans laisser de trace,
Voilà d'un importun comme on se débarrasse,
Vous lui rendez service en ne le tuant pas.

L'humanité pour vous eut toujours des appas,
Vous en donnez bientôt des preuves plus certaines;
Herman le dramaturge, après de longues peines,
Arrive quelquefois à se faire jouer.
Herman est honnête homme, il le faut baffouer;
Des produits de son drame à son aimable fille
Il auroit fait hommage et nourri sa famille :
Mais les comédiens sont excommuniés,
Et les auteurs aussi. Justement indignés, (9)
Les Pères de l'Église et surtout les conciles, (10)
Ont proscrit tous ces jeux qui corrompent les villes.

Molière eut de la peine à se faire enterrer,
Et sur ses pas quiconque aspire à s'illustrer,
Doit être pour son bien écarté du théâtre :
C'est un payen, un juif, c'est pis qu'un idolâtre,
Et pour sauver son âme, il faut priver son corps
De ces petits produits qui sont des réconforts.
A quoi sert qu'un auteur mange un pain dramatique ?
N'a-t-il pas pour dîner le pain eucharistique ?

Herman est bon auteur et bon comédien,
Mais faites-le passer pour un mauvais chrétien,
Et qu'il manque à la fois de pain et de chemise,
En l'honneur du bon goût et surtout de l'Église.
Aux riches, dit Saint-Jean, Dieu préfère les gueux.

Les sages blâmeront votre zèle fougueux;
Dès qu'un grand homme est mort, le monde le respecte,
Vous diront-ils ; fort bien ; mais moi je le suspecte :
Il ne faut respecter les morts ni les vivans ;
La critique appartient aux derniers arrivans ;
Ainsi, quoique Voltaire ait déployé sans cesse,
Dans ses divers écrits, force, esprit et souplesse,
Il faut vous en moquer et dire à l'univers
Qu'il est mauvais auteur en prose ainsi qu'en vers.
L'univers, il est vrai, n'en saura pas grand chose ;
En critiquant ses vers, vous serez sot en prose ;
Mais les sots vous croiront, et votre nom ira
Du faubourg Saint-Germain jusques à l'Opéra.

S'il s'élève quelque homme instruit dans l'art de plaire
Qui par ses heureux vers ressuscite Voltaire,
Qui juge sainement tous ceux qui l'ont jugé ;
Et qui soit sans orgueil comme sans préjugé,
Ou qui tel que Mercier, admirant peu Racine,
Arrive, malgré vous, sur la double colline,
Voilà le vrai moment de redoubler d'efforts ;
Examinez sa vie et cherchez lui des torts
Dans tout ce qu'il a dit aux jours de son enfance ;
Remontez, s'il le faut, à ceux de sa naissance,
Dites qu'il fut dès-lors un petit scélérat,
Qu'il battit sa nourrice, et qu'en époux ingrat,

A peine eut-il atteint son quatrième lustre,
Que du lit nuptial il brisa le balustre;
Rien de plus singulier, mais rien de plus plaisant.

Vantez le temps passé, dénigrez le présent,
Dites que tous les arts sont à leur décadence,
Qu'on n'a plus dans les vers ni bon sens, ni cadence,
Que le bon sens est tout, qu'Homère fut disert,
Qu'un poëte sans lui prêche dans le désert,
Et qu'on ne peut jouir que d'un renom fragile,
Si l'on n'admire pas l'admirable Virgile.
Aux esprits créateurs fermez tous les chemins.

Mais pour les écoliers qui sortent de vos mains,
Mettez-les à côté des Boileaux, des Horaces,
Dites qu'ils sont parfaits lorsqu'ils suivent vos traces.

L'homme exempt de parti vous croira foiblement.
Mais vous réussirez, j'en ferai le serment,
Et vous serez l'honneur de la littérature.
Quand Monsieur de Visé, créateur du Mercure, (11)
Rédigea ce journal avec intégrité,
Partout on s'écria: quelle simplicité!
On fait encor de même: ainsi, mon cher jeune homme,
Jurez par les auteurs d'Athènes et de Rome,
De trouver tout mauvais en France et dans Paris;
Dites que tout décline et qu'il n'est point d'esprits
Qui puissent arriver auprès du grand Homère;
Qu'il n'est plus de talent, et que tout dégénère.

Il est encore un art d'écraser les auteurs;
Si l'un deux, pour capter l'estime des lecteurs,
Dans un avant-propos, simple autant que modeste,
Dit que son livre est foible; au public s'il atteste

Que sa prose est traînante et son vers négligé,
Qu'en le jugeant mauvais on l'aura bien jugé;
Qu'il vouloit faire mieux et qu'il n'a pu mieux faire;
Il faut le prendre au mot sans dire le contraire;
Il faut sur tous les points être de son avis,
Dire qu'on écrit mieux à Maroc, à Tunis,
Que son vers est mauvais et sa prose traînante,
Qu'il a tout ce qu'il faut pour être des quarante,
Qu'il s'est rendu justice en peignant ses défauts,
Que chez lui tout est froid, empoulé, dur et faux;
Et s'il est par hasard, dans son humble préface,
Une nouvelle idée, un trait qui satisfasse (12),
A vous l'approprier mettez votre plaisir;
Car des plumes du paon le geai doit s'enrichir.

 Le président se tait, on lève la séance :
Vous inclinez la tête avec reconnoissance;
Vous suivez ces conseils par la raison dictés;
Et les présens chez vous pleuvant de tous côtés,
Malgré les cris nombreux d'une foule importune,
Vous marchez à la gloire ainsi qu'à la fortune.

NOTES DE L'ÉPITRE.

(1) Le révérend père Nicéron Barnabite est auteur d'un ouvrage très-volumineux, intitulé : *Mémoires pour servir à l'histoire des hommes illustres dans la république des lettres.* C'est dans cette compilation indigeste, que Messieurs les journalistes modernes puisent leur vaste érudition.

(2) Il me paroît certain que de tous les poëtes dramatiques français, Pierre Corneille est le premier et le plus grand. Il a peint les Romains sous les Rois, sous la République, sous les Empereurs, même à leur décadence, et les a toujours peints en grand maître. Il a fait marcher de front quatre genres, la tragédie, la comédie, les pièces qu'on appelle drames, ou pièces de sentiment qu'on devroit appeler *romanéides*, et l'opéra. Il est à la fois créateur et imitateur également admirable; mais il n'étoit pas puriste, mais il faisoit des fautes contre la grammaire, et voilà ce qui le déshonore aux yeux de Messieurs les gens de goût, et principalement de Messieurs les journalistes.

(3) Pierre Corneille, après avoir composé *Polieucte*, eut la bonhommie d'aller lire cette tragédie à l'hôtel de Rambouillet, qui étoit, à la vérité, le rendez-vous des grands seigneurs et des grandes dames du temps, mais qui n'étoit au fond qu'un comité burlesque de précieux et précieuses ridicules, comme à Paris il s'en trouve encore de nos jours. Tout l'hôtel de Rambouillet se réunit alors pour dire à M. de Corneille qu'il s'étoit trompé en traitant le sujet de

Polieucte, que ce sujet étoit mal choisi, et que sa pièce ne valoit rien. M. de Corneille ne se laissa point abattre par ce jugement imprévu; il envoya sa tragédie à Messieurs les Comédiens, qui jouoient alors, sans se faire prier, les ouvrages des grands hommes; et le *Polieucte* de M. de Corneille fut regardé comme son chef-d'œuvre.

(4) Voltaire s'est un peu moqué, dans le temple du goût, de l'uniformité qui règne dans les portraits de Xipharès, de Bazajet, d'Hypolite, de Britannicus, etc... Il trouve que ce sont des Français plutôt que des Romains, des Grecs et des Musulmans, mais tout cela n'empêche point que Racine ne soit *l'homme de goût* par excellence, et le seul qu'on ne puisse point surpasser au dire de Messieurs les journalistes.

(5) La Harpe a fait un éloge de Racine qui n'est autre chose qu'une satyre virulente de Corneille. J'invite mes lecteurs à relire cet *éloge académique* et très-académique; supposé qu'ils en ayent le courage.

(6) J'ai risqué le mot de *fabuliser*, parce qu'il me paroît doux, harmonieux, élégant et agréable; et d'ailleurs puisqu'on dit *fabuliste*, pourquoi ne diroit-on pas *fabuliser*? Je supplie Messieurs les membres de la commission du Dictionnaire de l'Académie française, de vouloir bien réfléchir sur ce mot durant cinq ou six ans, et puis de nous donner leur avis au bout de cinq ou six autres.

(7) Il faut bien qu'au Thibet ou Tibet on en soit encore aux notions primitives de l'alphabet, puisque les habitans de ce pays croient fermement que leur Dalei-Lama, c'est-à-dire leur pape, ne meurt jamais, et que son âme passe à sa volonté, dans le corps des personnes qui lui plaisent. Nous autres ex-jésuites, nous sommes beaucoup plus raisonnables; nous croyons seulement que notre pape est infaillible.

(8) Tout le monde connoît la sotte épigramme de Boileau contre Corneille :

> Après l'Agésilas,
> Hélas !
> Mais après l'Attila,
> Hola !

Il est inconcevable que les éditeurs de Boileau ayent renouvelé et conservé cette platitude dans toutes leurs éditions. Boileau, au surplus, n'a jamais apprécié ni senti le génie du grand Corneille; est-ce par suite de sa froideur naturelle ou de son amitié pour Racine? Je crois que l'un et l'autre y ont contribué; il a fait cette mauvaise épigramme contre Corneille; mais encore il s'est moqué de ce grand homme, dans son art poétique, lorsqu'il y dit que son exposition de *Rodogune*,

> D'un divertissement, vous fait une fatigue.

Il s'est moqué de la Calprenède qui avoit dans sa prose presqu'autant de génie que Corneille dans ses vers. Le satyrique Boileau pouvoit-il savoir ou même deviner ce que c'est que le génie? Son métier n'étoit-il pas d'en dire toujours du mal?

(9) Boileau appelle la rime une *quinteuse*, et Boileau n'a pas tort sur ce point. La rime est la plus grande ennemie de la raison que je connoisse : mais enfin, puisque nous autres Français, nous avons bien voulu nous laisser asservir par cette quinteuse, je dirai à mes lecteurs ce qu'ils savent déjà, c'est qu'en France on rime à la fois pour les yeux et pour les oreilles : or, je n'ai point commis de faute, en faisant rimer excommuniés avec indignés ; car on prononce ce dernier mot, comme s'il y avoit *indiniés*. J'ai fait cette observation pour Messieurs les puristes, hommes vétilleux, s'il en fut jamais, et qui ne manqueroient pas de dire que

je pêche à la fois contre la rime et la raison ; c'est le hasard qui m'a fourni cette rime, et je la soutiens non-seulement suffisante, mais riche.

(10) St. Basile, St. Grégoire de Nazianze, St. Chrisostôme, St. Jérôme, et principalement St. Augustin dans ses *Confessions* et dans son livre *de la cité de Dieu*, s'accordent tous à nous dire que les théâtres sont des écoles de débauches, des chaires de pestilence, *theatra pestilentiæ*, la peste des âmes *animarum pestis*, et une misérable folie, *miserabilis insania*.

Salvien de Marseille qu'on appeloit le père des évêques, assure que de son temps personne n'étoit admis au baptême s'il ne renonçoit auparavant aux spectacles comme aux pompes du démon.

Le grand St. Charles composa un ouvrage contre la comédie, où il prouva qu'elle est contraire aux bonnes mœurs et à la vertu. Cet ouvrage fut imprimé en 1662.

St. François de Sales, après s'être expliqué sur les spectacles dans son introduction à la vie dévote, sécria, à la fin de cet ouvrage, ô Philotée ! ces impertinentes récréations refroidissent la charité dans les âmes et y font naître mille sortes de mauvaises affections.

Le grand St. Thomas d'Aquin va bien plus loin : *Ceux*, dit cet oracle de l'église, qui *assistent aux spectacles*, se rendent coupables, parce qu'en étant les spectateurs, ils contractent un plus grand penchant pour les choses lascives ou cruelles qu'ils y voyent représenter.

Le grand Bossuet enfin, surnommé le dernier père de l'église, a tonné, à son tour, *contre les théâtres ;* lisez ses *maximes sur la comédie.*

Mais qu'ai-je dit ? les Pères ne sont rien sans les Conciles, et tous les Conciles, depuis celui d'Illiberis qui est aujourd'hui la Grenade en Espagne et qui fut l'un des premiers, jusqu'au Concile de Trente, proscrivent non-seulement les Comédiens comme infâmes, mais encore les auteurs de comédies, et les spectateurs de ces mêmes comédies, et les excomunient en masse en les mettant tous sous l'anathême de l'église.

Photius, au neuvième siècle, ramassa dans son Nomocanon les loix ecclésiastiques et civiles qui condamnent les comédiens, les auteurs de comédies et de tragédies, et les assistans à ces mêmes tragédies et comédies. Voilà pourquoi Racine, devenu dévot, avoit défendu, avant de mourir, qu'on jouât son *Athalie*, quoique ce soit une tragédie sainte, et pourquoi La Harpe devenu dévot aussi, pria M. Boulard, son exécuteur testamentaire, de ne point permettre qu'après sa mort on représentât sa *Mélanie* qui est une tragédie très-édifiante.

Messieurs les journalistes modernes n'ignorent point tout ce que je viens de dire; mais comme la plupart sont, ainsi que moi, de très-honnêtes ecclésiastiques, et comme ils sont obligés d'aller voir représenter les pièces anciennes et nouvelles pour en rendre compte dans leurs feuilles, ils n'osent point faire valoir contre les comédiens et les auteurs dramatiques les témoignages des Conciles et des Saints Pères, de peur d'être enveloppés dans les proscriptions; ils n'osent excommunier personne de peur d'être eux-mêmes excommuniés : ils font très-bien sans doute, et je ne les blâme point à cet égard; mais pourquoi ces Messieurs, semblables à l'abbé Pellegrin,

Qui dînoit de l'autel et soupoit du théâtre;

Pourquoi, dis-je, ces Messieurs par leurs extraits remplis de fiel et de mensonge, empêchent-ils de pauvres auteurs dramatiques de souper du théâtre à leur tour? Ces Messieurs, comme prêtres et journalistes, ont deux moyens de vivre bien connus, que personne ne leur dispute, et le pauvre auteur dramatique qui n'est pas prêtre, n'en a qu'un seul. Or, il me semble que l'évangile ordonne à tout chrétien, non-seulement de laisser dîner et souper son semblable, mais encore de venir à son secours; faut-il donc se montrer sans pitié du moment qu'on est prêtre et journaliste? Et si la comédie du matin est tombée, faut-il empêcher la comédie du soir de réussir?

(11) C'est M. Donneau de Visé qui, le premier publia le Mercure sous le titre de *Mercure galant*, et certes, il étoit bien plus galant qu'aujourd'hui; car il disoit du bien de tout le monde.

(12) Messieurs les rédacteurs de journaux paroissent quelquefois très-savans, parce qu'ils puisent dans la préface et les notes des ouvrages dont ils rendent compte, toutes les citations dont ils enrichissent leurs extraits, et parce qu'ils n'en disent rien à personne. Oh! que Monsieur A, Monsieur O, Monsieur C, Monsieur H, sont érudits, s'écrie-t-on de tous côtés! Or, ces Messieurs ayant tout puisé dans le livre dont ils parlent, livre énorme qu'à Paris on n'a pas le temps de lire et qu'on n'achève de lire en province qu'au bout de deux ou trois ans, n'ai-je pas eu raison de comparer ces Messieurs au geai qui se pare des plumes du paon?

FIN.

www.ingramcontent.com/pod-product-compliance
Lightning Source LLC
LaVergne TN
LVHW052104090426
835512LV00035B/981